ARABISCHE KÜCHE
MITTELMEERKÜCHE

Claudia Roden

ARABISCHE KÜCHE
MITTELMEERKÜCHE

GEMÜSE ✪ FISCH ✪ SÜSSSPEISEN

Kaleidoskop Buch

*Für meine Kinder Simon, Nadia und Anna sowie für Ros
und Clive, Freunden der Familie. Ihnen gilt mein Dank, dass sie alle
Rezepte dieses Buchs mit mir probiert haben.*

Aus dem Englischen übersetzt von Maria Andreas-Hoole
und Susanne Vogel
Redaktion: Inken Kloppenburg Verlags-Service, München
Korrektur: Herbert Scheubner
Einbandgestaltung: Studio für Illustration und Fotografie, München
Sascha Wuillemet
Herstellung: Dieter Lidl
Satz: satz & repro Grieb, München

Druck und Bindung: Nuova GEP, Cremona·
Printed in Italy

Alle deutschsprachigen Rechte vorbehalten

ISBN: 3-88472-464-9

HINWEIS

Alle Informationen und Hinweise, die in diesem Buch enthalten sind,
wurden vom Autor nach bestem Wissen erarbeitet und von ihm und dem
Verlag mit größtmöglicher Sorgfalt überprüft. Unter Berücksichtigung
des Produkthaftungsrechts müssen wir allerdings darauf hinweisen,
dass inhaltliche Fehler oder Auslassungen nicht völlig auszuschließen
sind. Für etwaige fehlerhafte Angaben können Autor, Verlag und
Verlagsmitarbeiter keinerlei Verpflichtung und Haftung übernehmen.

Korrekturhinweise sind jederzeit willkommen und werden
gerne berücksichtigt.

INHALT

EINFÜHRUNG

DIE MITTELMEERKÜCHE: EIN VORBILD FÜR GESUNDE ERNÄHRUNG

Weltweit für Aufsehen sorgte der Ernährungswissenschaftler Ancel Keys, der Ende der sechziger Jahre in sieben Ländern den Zusammenhang zwischen Ernährung und Krankheit untersuchte und dabei feststellte, dass in fast allen Mittelmeerländern die Rate von Herz-Kreislauf-Erkrankungen, Krebs und verschiedenen anderen chronischen Leiden niedriger lag als anderswo. Seine Entdeckungen lösten auf der ganzen Welt eine Flut von Forschungen aus. In manchen Ländern wie Italien und Finnland stellten die Bewohner ganzer Dörfer ihre Ernährung um und beobachteten, welche Folgen dies hatte. Auch Einwanderergemeinden, deren Essgewohnheiten sich in ihrer neuen Heimat änderten, wurden zum begehrten Studienobjekt.

Selbst wenn die Ernährungstheorie noch nicht alle Widersprüche und Unklarheiten ausräumen konnte, zeigen diese Studien doch, dass die falsche Ernährung die wichtigste erkennbare Krankheitsursache ist, der sich andere Faktoren wie erbliche Veranlagung, Lebensstil und Umgebung unterordnen. Es zeichnete sich ein Zusammenhang zwischen unseren Zivilisationskrankheiten und einer Ernährung ab, die arm an Ballaststoffen, aber reich an Zucker und gesättigten tierischen Fetten ist. Hervorragend schnitt dagegen die Kost der Mittelmeerländer ab, wo man viel Getreide, Gemüse, Obst, Nüsse und Fisch, dafür wenig Fleisch verzehrt und zum Kochen hauptsächlich Öl verwendet.

Nach und nach kam ein weltweiter Konsens zustande, was die Menschheit essen soll. Die WHO (World Health Organization), FAO (Food and Agricultural Organization) sowie alle wichtigen Gesundheitsberichte sprechen dieselben Empfehlungen aus: Esst mehr Weizen, Reis, Bohnen, Linsen, Kichererbsen und Nüsse, viel frisches Obst und Gemüse, mehr Fisch, weniger rotes Fleisch und kocht mit Öl statt Butter. Viele Regierungen haben Ernährungsrichtlinien veröffentlicht, die auf diesen Empfehlungen beruhen.

Seit neuestem gilt Olivenöl als wirksame Waffe im Kampf gegen Krankheit. Schon immer wurde dieses Öl als wertvolles Nahrungsmittel mit heilenden Kräften betrachtet, als Universalheilmittel gegen Krankheiten aller Art – und die moderne Wissenschaft konnte dies bestätigen. Olivenöl hat einen hohen Anteil einfach ungesättigter Fette und Fettsäuren und ist reich an Vitamin E, einem Antioxidans, das vor Herz- und Lungenerkrankungen sowie vor Krebs schützt. Wie alle pflanzlichen Öle ist es frei von Cholesterin, baut außerdem sogenanntes »schlechtes« Cholesterin (LDL = Low-Density-Lipoproteine) ab und erhöht den Anteil »guten« Cholesterins (HDL = High-Density-Lipoproteine).

Selbstverständlich könnten auch andere Länder mit hohem Verzehr von Öl, Gemüse, Obst und Hülsenfrüchten als Ernährungsvorbild dienen, doch der Mittelmeerküche wird es möglicherweise am besten gelingen, unsere Essgewohnheiten zu ändern, weil sie einen ganz besonderen Reiz besitzt. Mit ihren bunten Farben, aromatischen Düften und ihrer Geschmacksfülle verwöhnt sie unsere Sinne und ist uns gleichzeitig vertraut genug, dass wir sie problemlos zur Grundlage unserer täglichen Ernährung machen können. Schließlich war die Mittelmeerregion, die Wiege der westlichen Zivilisation, schon immer das Hauptziel unserer Urlaubsreisen. Dieser Fleck Erde mit dem tiefblauen Himmel und Meer, dem magischen Licht und der würzigen Luft, den Märkten und Caféterrassen, dem entspannten, gut gelaunten Lebensstil ist so ungemein bezaubernd, dass es sich lohnt, seinen Bewohnern nicht nur in der Esskultur, sondern auch in der Lebenskunst nachzueifern.

EINE KULINARISCHE RENAISSANCE

In den Restaurants und Hotels am Mittelmeer stand die regionale Küche jahrzehntelang im Schatten der klassischen französischen Kochkunst. Als Ende des 19. Jahrhunderts der Tourismus aufkam und die oberen Zehntausend die Côte d'Azur entdeckten, übernahmen die Luxushotels und Restaurants den grandiosen Stil der *haute cuisine*. Er wurde zum Vorbild für gepflegte Gastronomie im gesamten Mittelmeerraum, ja, auf der ganzen Welt.

In den letzten Jahren trat die traditionelle Regionalküche immer weiter den Rückzug an, bedingt durch die Landflucht, die Massenproduktion von Nahrungsmitteln, die breite Durchsetzung von Fast Food und Fertiggerichten und durch den Massentourismus. Ein französischer Soziologe bemerkte zynisch, die *cuisine du terroir* – die ländliche Regionalküche – existiere ausschließlich in den Kochbüchern. Ganz stimmt das zum Glück nicht. Nostalgisches Bedauern über den Schwund des kulturellen Erbes, Angst vor Verlust der kulturellen Identität sowie ein allgemeiner Wandel der Werte, eine Veränderung des Geschmacks haben dazu geführt, dass das Interesse an der ländlichen Regionalküche und anderen Bereichen überlieferter Handwerkskunst wieder auflebt – nicht nur in Frankreich, sondern im gesamten Mittelmeerraum.

Die Spitzenköche in der Provence und an der Côte d'Azur, die mit der *Nouvelle Cuisine* gegen den »versteinerten französischen Klassizismus« rebellierten, lassen sich heute von regionalen Produkten und Kochtraditionen inspirieren. In Italien, wo die *piatti tipici* – regionale Spezialitäten – vor etwas über einem Jahrzehnt wieder auf den Speisekarten erschienen, erklärten die tonangebenden Köche, sie wollten die alten Traditionen nicht unbesehen nachbeten, sondern neu beleben und den heutigen Bedürfnissen anpassen. Dieser Trend wird als *il recupero* und *la riscoperta* bezeichnet. Rund ums Mittelmeer, auch in der Türkei, Ägypten, Marokko und Tunesien, hätten sich die besseren Restaurants früher geschämt, etwas anderes als französische und internationale Küche anzubieten; heute serviert man dort stolz die eigenen Regionalgerichte.

Man kann nur staunen, wie die Mittelmeerküche vor allem mit ihren ländlichen Spezialitäten, früher als »Arme-Leute-Essen« verpönt, heute in der ganzen Welt Furore macht und sogar repräsentativ für die moderne Küche geworden ist. Spitzenköche in ganz Europa und Amerika lassen sich von ihr anregen, jeder Supermarkt liefert die nötigen Zutaten. Auf sehr erfreuliche Weise haben hier gesunde Ernährung und Essgenuss zusammengefunden.

Anfangs konzentrierte sich das Interesse auf Süditalien und die Provence, weitete sich aber in letzter Zeit auf die verschiedensten Regionalküchen aus, vor allem auf die exotischeren des östlichen und südlichen Mittelmeerraums.

ESSKULTUR RUND UMS MITTELMEER:
GLANZ UND VERLOCKUNGEN OHNE ENDE

Bei allem Abwechslungsreichtum und den Stileigenheiten der etwa 16 Länder rund um das kleine Binnenmeer bildet die Mittelmeerküche doch eine gewisse Einheit. Wenn Sie eine der Länderküchen kennen, werden Ihnen auch die anderen nicht ganz fremd sein, denn viele Gerichte sind Variationen ein und desselben Themas. Diese Einheit erklärt sich durch das gemeinsame Klima, in dem der Boden dieselben Früchte trägt, durch den intensiven Austausch und Handel zwischen allen Hafenstädten und durch eine innig verwobene Geschichte.

Seit der Antike breiteten sich Siedlungen, Kolonien und Imperien über das gesamte Gebiet aus. Die zuwandernden Bewohner führten neue Produkte, Geräte und Techniken ein und hinterließen überall ihre Spuren. Die erste Welle der Kolonisten – die Phönizier, Griechen und Römer – brachte die Trias von Weizen, Oliven und Wein. Ab dem 7. Jahrhundert dominierten die Araber, die 700 Jahre über Spanien und 200 Jahre über Sizilien herrschten; sie richteten neue Handelssysteme ein und verbreiteten den Anbau von Reis, Zuckerrohr, Aprikosen, Orangen (Bitterorangen und Zitronen waren schon den Römern bekannt), Granatäpfeln, Datteln, Feigen, Mandeln,

Bananen, Artischocken, Spinat und Auberginen. Andere wichtige Einflüsse kamen vom Königreich Katalonien, das Sizilien, Sardinien und Neapel eroberte und bis nach Südfrankreich vordrang, und von der Krone Aragons, die Besitztümer rund ums Mittelmeer ihr eigen nannte. Die Normannen und die Republik Venedig, die Kolonien bis hin zum fernen Alexandria gründeten, brachten damit auch ihre Kochtraditionen an die Gestade des Mittelmeers. Eine der größten einigenden Kräfte war das Osmanische Reich, das bis zu seinem Zusammenbruch Anfang des 20. Jahrhunderts 500 Jahre Bestand hatte. In allen seinen Ländern setzte sich ein bestimmter Kochstil durch, der aus den eroberten Territorien schöpfte.

Von Reichen und Kolonien abgesehen, sorgten noch andere »Völkerwanderungen« für Begegnungen zwischen den Kochtraditionen, zum Beispiel die Mauren, die nach ihrer Vertreibung aus Spanien nach Nordafrika zurückkehrten, die Tunesier, die zum Bau der Kathedrale nach Palermo geholt wurden, oder die sizilianischen Bauern, die von den französischen Kolonialherren zur Bodenbearbeitung nach Algerien verschifft wurden. Regen Austausch gab es auch durch Reisende: Troubadoure und Jongleure aus Südfrankreich waren in Italien und Katalonien gern gesehen, Gewürzhändler und wandernde Kaufleute zogen durch alle Lande. Einen beachtlichen Einfluss hatten in neuerer Zeit die *Pieds Noirs*, die in Algerien ansässigen weißen Franzosen, die nach Frankreich zurückkehrten, ebenso die Gastarbeiter aus Nordafrika.

Aus diesen zahllosen verschlungenen Fäden ist das Gewebe einer spezifischen Esskultur geknüpft, das den Mittelmeerraum gegen andere Regionen abgrenzt, sodass Andalusien, die Provence und

Süditalien mit ihren Nachbarn rund ums Mittelmeer mehr gemein haben als mit den nördlicheren Provinzen ihrer eigenen Nation. Im ganzen Mittelmeerraum wird mit den gleichen Tontöpfen, Holzöfen und Mörsern, Spießen und Rosten gekocht. Der Reisende begegnet überall ähnlichen Gerichten: kaltem, in Olivenöl gegartem Gemüse, gefülltem Gemüse, dicken Gemüseomeletts, Reisgerichten, Cremes und Mandelgebäck und natürlich der allgegenwärtigen Tomatensauce, die aus der Mittelmeerküche nicht wegzudenken ist. Der Olivenbaum ist historisch wie kulturell eng mit dem Mittelmeerraum verbunden, und der aus den Oliven gepresste Saft wurde zum traditionellen Speiseöl dieser Region, mit dem man – wie auch mit Zitronensaft – verschwenderisch umgeht. Die meisten Gerichte enthalten Knoblauch – nicht allzu viel, nur zur Abrundung des Geschmacks; Kräuter und Gewürze setzen interessante Akzente. Als Dreingabe lockt das attraktive Farbenspiel von Zutaten wie Paprikaschoten, Tomaten, orangefarbenem Kürbis und schwarzen Oliven – der Zauber ist perfekt.

Natürlich gibt es auch viele Eigenarten, die die Länderküchen voneinander unterscheiden. Wo die Franzosen Cognac verwenden, nehmen die Sizilianer Marsala und die Spanier Sherry. Italiens Pecorino oder Ricotta wird in Frankreich durch Ziegenkäse oder Gruyère, in Griechenland und der Türkei durch Feta ersetzt. In Südfrankreich würzt man Fischsuppe mit Orangenschale und Safran, in Italien mit Weißwein, Peperoncino (Chilischoten) und Petersilie, in Tunesien mit Kreuzkümmel, Paprikapulver, Cayennepfeffer und Koriandergrün. Petersilie, Koriander und Minze sind meine Lieblingskräuter des östlichen Mittelmeerraums, Basilikum und Majoran meine westlichen Favoriten. Im Westen schmecken Süßspeisen nach Vanille oder geriebener Orangenschale, im Osten nach Orangenblüten- oder Rosenwasser und Zimt. Typisch sind auch bestimmte Würzkombinationen, zum Beispiel in Ägypten gebratener Knoblauch mit zerdrückten Korianderkörnern, in der Türkei Zimt mit Piment.

Aus der reichen kulinarischen Tradition habe ich lediglich meine persönlichen Lieblingsspeisen ausgewählt. Es ging mir nicht darum, sämtliche Länder abzudecken, berühmte Spezialitäten aufzunehmen oder ein Beispiel für jeden Typ von Gerichten vorzustellen. Ich hatte vielmehr frische, leichte, köstliche und nicht zu spektakuläre Speisen im Sinn, die sich für jeden Tag eignen und einfach und rasch zuzubereiten sind. Für besondere Anlässe kommen einige aufwendigere, üppigere Gerichte dazu, die auch ein Fest fürs Auge sind. Dass den Idealen gesunder Ernährung Genüge getan wird, versteht sich fast von selbst; der Schwerpunkt liegt für mich in diesem Buch allerdings auf den *Freuden* des Kochens und des Genießens.

Obwohl ich auf Fleischgerichte verzichtet habe, wende ich mich nicht nur an Vegetarier, sondern an alle, die sich abwechslungsreicher ernähren und ihren Speisezettel erweitern möchten. Fleisch wurde hoch geschätzt, doch die ländliche Bevölkerung konnte es sich fast nie leisten. In manchen Ländern wurde es nur einmal in der Woche oder sogar nur zu festlichen Anlässen gegessen. Den Christen war der Verzehr von Fleisch an Freitagen und in der Fastenzeit untersagt, sodass während fast eines Drittels des Jahres Fisch und Hülsenfrüchte an seine Stelle traten. Fisch wurde sehr einfach zubereitet, doch beim Kreieren von Gemüsegerichten kannte der Erfindungsreichtum keine Grenzen. Zum Glück ist der Mittelmeerraum mit einem fruchtbaren Boden und günstigen Klima gesegnet und beschert uns Gemüse, Obst und Nüsse in erstaunlicher Vielfalt – ein wahres Paradies für Vegetarier.

TIPPS AUS DER ARABISCHEN KÜCHE

EINE VEGETARISCHE MAHLZEIT PLANEN

Die kurzen Kapitel dieses Buches sollen es Ihnen erleichtern, ein vegetarisches Menü zusammenzustellen. Jedes Kapitel – bis auf die Gemüsebeilagen, Süßspeisen und Desserts und Grundzubereitungen – enthält Rezepte für sättigende Hauptgerichte. Ein leichtes Sommeressen kann zum Beispiel aus ein bis zwei Salaten bestehen, zu denen Sie gutes Brot und nach Belieben auch Käse reichen; Suppe mit Brot ergibt ein einfaches Winteressen. Für ein Familienessen bringen Sie ein Gericht wie Pasta, Risotto oder Bulgur-Pilaw auf den Tisch, dazu ein Eiergericht, einen Flan oder ein Gratin mit Käse, dazu einen Salat und als Abschluss frisches Obst.

Wenn Sie nur wenige Gäste einladen, beginnen Sie mit einer Suppe oder Vorspeise und schließen mit Käse und einem Dessert ab. Manche Gerichte wie Gemüsecouscous sind eine Mahlzeit für sich. Auf größeren Festen reichen Sie eventuell verschiedene Vorspeisen und ein Hauptgericht, das sich im Voraus zubereiten und gegebenenfalls aufwärmen lässt.

Im Mittelmeerraum wird eine Mahlzeit mit frischem Obst beendet, doch ich habe viele Desserts aufgenommen, weil sie bei uns so beliebt sind. Vor allem bei Einladungen freut sich doch jeder schon auf den süßen Höhepunkt! Die meisten Desserts enthalten Früchte aus den reichen Obstgärten des Mittelmeerraums.

EIN ESSEN MIT FISCH ODER MEERESFRÜCHTEN PLANEN

Eine Fischsuppe mit geröstetem Brot kann bereits eine eigenständige Mahlzeit sein, gefolgt von Obst oder einem Dessert. Oder stellen Sie Pasta mit Meeresfrüchten, Couscous oder einen Fischflan in den Mittelpunkt. Im Mittelmeerraum wird Fisch meist ganz schlicht gegrillt oder gebraten, mit einer Marinade oder einem Dressing angerichtet und von einer Sauce begleitet. Servieren Sie als Auftakt eine Gemüsesuppe oder vegetarische Vorspeise, oder reichen Sie Meeresfrüchte wie Garnelen, Jakobsmuscheln oder Miesmuscheln. Als Beilage zum Fisch gibt es Salat oder eines der vielen Gemüse-, Reis- oder Bulgurgerichte aus diesem Buch.

ZU DEN ZUTATEN

Bulgur: Weizen, der gekocht, getrocknet und dann in unterschiedlichen Feinheitsgraden vermahlen wird. Heißt in Zypern *pourgouri* und in den arabischen Ländern *burghul*.

Couscous: Hartweizen, der in unterschiedlichen Feinheitsgraden körnig vermahlen und mit feinem Mehl eingestaubt wird. Man gart ihn im Dampf. Bei uns wird vorgegarter Couscous in verschiedenen Variationen angeboten. Er lässt sich sehr einfach zubereiten.

Glattblättrige Petersilie: Im Mittelmeerraum verwendet man immer glattblättrige Petersilie, die etwas kräftiger schmeckt als die krause Sorte. Falls Sie keine glatte Petersilie bekommen, können Sie aber auch krause nehmen.

Oliven: Oliven sind ein Symbol des Mittelmeerraums. Beim Reifen durchlaufen sie eine Farbskala, die bei Grün und Gelb beginnt und über Rot und Violett zu Dunkellila bis Schwarz reicht. Eingelegte schwarze und grüne Oliven werden als Vorspeise und Frühstück zu Brot und Käse gereicht, außerdem sind sie Zutat vieler Gerichte. Es ist wichtig, Oliven mit gutem Aroma ausfindig zu machen. Probieren Sie verschiedene Sorten; jedes Mittelmeerland bringt ausgezeichnete Oliven hervor. Berühmt sind die fleischigen Kalamata-Oliven aus Griechenland, die spanischen Manzanilla-Oliven, die kleinen schwarzen Taggiasca aus dem italienischen Ligurien und die großen grünen Cerignola aus Apulien, die milden schwarzen Oliven mit schrumpliger Haut aus der Provence und die winzigen Nizza-Oliven. Leider verlieren alle entsteint angebotenen Oliven an Geschmack, sodass Sie bei den Rezepten, in denen entsteinte oder gehackte Oliven vorkommen, sich selbst die kleine Mühe des Entsteinens machen müssen.

Olivenöl: Ein schier unübersehbares Angebot an Olivenöl bester Qualität (nativ extra) aus den verschiedensten Ländern steht heute zur Wahl. Bei dem wachsenden Snobismus und dem mystischen Nimbus, die dieses in Mode gekommene Produkt umgeben, bleibt Ihnen nicht viel anderes übrig, als die Eigenschaften verschiedener Öle selbst auszutesten. Wie bei allen Fragen des Geschmacks gilt: Die Sorte, die Ihnen am meisten zusagt, ist die beste! Und weil Sie für verschiedene Speisen vielleicht verschiedene Öle bevorzugen, lohnt sich das Experimentieren.

In Farbe, Geschmack und Aroma gibt es unter den Ölen große Abweichungen, abhängig von der Baumsorte, dem Bodentyp, der Topographie (wurden die Oliven in einer Hügellandschaft, einer Ebene, an der Küste angebaut?), dem Wetter, dem Zeitpunkt und dem Reifegrad der Ernte sowie dem Zeitpunkt und der Methode der Ölgewinnung. Bei der traditionellen Methode werden die Oliven samt Steinen zerdrückt und vermahlen; das Öl steigt allmählich nach oben und liegt über dem ausgetretenen Saft. Bei den heute üblichen modernen Produktionsmethoden wird die Flüssigkeit von den festen Bestandteilen und anschließend das Öl vom restlichen Saft durch Zentrifugieren bei hohen Geschwindigkeiten abgeschieden; dieser Vorgang läuft kontinuierlich ab. Die Öle der Bezeichnung »nativ extra«, die aus der ersten kalten Pressung stammen und nach einer dieser beiden Methoden gewonnen werden, sind am hochwertigsten und intensivsten in Geschmack und Aroma. Das Öl in Flaschen ist entweder sortenrein, stammt also von einer einzigen Olivensorte, oder besteht aus einer Mischung. Das Mischen zweier oder mehrerer Ölsorten unterschiedlicher Herkunft, deren Eigenschaften einander ergänzen, ist eine eigene Kunst; meist mischt man sehr milde mit ausgesprochen kräftig schmeckenden Ölen, um ein ausgewogenes Aroma zu erreichen. Die Öle, die von einzelnen Gütern stammen, sind die renommiertesten und teuersten, doch auch einige der besten (nativ extra), die von großen Herstellern billiger produziert werden, haben ein wunderbares Aroma. Leider lassen viele Öle zu wünschen übrig, und auch manches extrem teure Öl ist seinen Preis kaum wert.

Öle können leicht und unaufdringlich oder kräftig und bestimmt, Geschmack und Aroma einfach oder vielschichtig sein. Die Geschmacksskala reicht von süßlich bis angenehm bitter, dazwischen liegen fruchtige, nussige, würzige und pfefferartige Noten. Der Geschmack kann sich sofort aufschließen oder als Nachgeschmack nachklingen. Der Duft kann fruchtig, blumig, nussig oder grasig sein, flüchtig oder intensiv. Wie beim Wein bringen manche Jahre außergewöhnliche Öle hervor, andere wieder eher durchschnittliche. Doch Ölmischungen bleiben stets gleich, da die Mischer eine kontinuierliche Qualität anstreben und die Mischungen entsprechend anpassen. In ihnen spiegeln sich die Vorlieben

und Traditionen einer Region ebenso wider wie die Wünsche der Verbraucher in Ländern, die sich gerade erst zu Olivenöl bekehren ließen – hier werden vor allem leichte Öle geschätzt.

Geschmacksnote und Qualität eines Öls lassen sich nicht anhand der Farbe vorhersagen, obwohl ein dunkelgrüner Farbton oft auf ein fruchtiges, bitterherbes Öl aus grünen, unreifen Oliven hinweist; goldgelbe Öle stammen von milden schwarzen Oliven, die vollreif geerntet wurden (alle Oliven sind anfangs grün und färben sich mit der Reife schwarz). Doch werden auch nicht selten grüne Blätter mitgepresst, die das Öl verfärben.

Im Allgemeinen sind die besten provenzalischen Öle leicht, mild und aromatisch, griechische Öle leicht bitter, kräftig und herzhaft, portugiesische Öle derb und rustikal. Spanien produziert eine Reihe fruchtig aromatischer Öle – katalanische Öle besitzen einen köstlichen Mandelgeschmack, während andalusische Öle eher eine warme, fruchtig milde Note und einen betörenden Duft entfalten. Italien ist berühmt für das kräftige, bittere Aroma der Toskanaöle, deren pfefferartiger Nachgeschmack in der Kehle kratzt; weniger bekannt sind die leichten, milden und fruchtigen Öle aus Ligurien, Umbrien und den Abruzzen, alle mit ihrem eigenen Reiz. Sämtliche Mittelmeerländer produzieren eine gewisse Menge Olivenöl, doch besonders wichtige Anbauländer sind die Türkei und Tunesien, wo jedes geeignete Fleckchen Landschaft mit Olivenbäumen bepflanzt ist. Dennoch sind die Öle aus diesen Ländern bei uns wenig verbreitet, weil sie nicht von EU-Subventionen profitieren und keine Werbekampagnen finanzieren können. Ein Großteil des tunesischen Öls geht nach Italien, einiges nach Spanien und Frankreich, wo es zu Mischungen verarbeitet und wieder exportiert wird. Manchen italienischen Ölen sind auch griechische oder spanische Öle beigemischt.

Unterschiedliche Öltypen eignen sich für verschiedene Gerichte. Dabei gibt es keine festen Regeln, und die Geschmäcker sind bekanntlich verschieden. Ölsorten bester Qualität (nativ extra) sollten nicht erhitzt, sondern für Salatdressings verwendet werden. Mir schmeckt ein leichtes, frisches Öl ohne jede Strenge zu Salaten, Fisch, gekochtem Gemüse und feinen, roh gerührten Saucen; ein schwereres, fruchtiges Öl nehme ich für Gazpacho, grüne Kräutersaucen, zu Pasta und gegrilltem oder gebratenem Gemüse, Fleisch oder Fisch. Ein Tropfen kräftigen, bitteren Öls mit fruchtiger oder würziger Note belebt Cremesuppen, Suppentöpfe oder eine Tomatensauce und ergibt ein herzhaftes Dressing für Pasta. Zum Frittieren verwenden Sie am besten Öl mit der Bezeichnung »nativ«, »raffiniert« oder lediglich »Olivenöl«. Diese Öle stammen aus der zweiten oder folgenden Pressungen, haben bei der weiteren Verarbeitung (Raffination) ihre Säure eingebüßt und sind meist geschmacksneutral.

Mancher aromatisiert sein Öl gern mit Knoblauchzehen, Chilischoten, Basilikumstengeln, Rosmarin- oder Thymianzweigen, Lorbeerblättern oder Fenchelsamen. Diese Würzzutaten sollten nach zwei Wochen aus dem Öl entfernt werden, da sie verderben könnten.

Harissa: Feurig scharfe nordafrikanische Paste aus Chilischoten, Knoblauch, Gewürzen und Olivenöl, die in manchen Supermärkten und in arabischen Lebensmittelgeschäften erhältlich ist. Am besten kaufen Sie sie in der Tube, nicht in der Dose. Sie können sie auch selbst herstellen (Seite 219).

Pfeffer: In allen Rezepten dieses Buches wird, wenn nicht anders vermerkt, schwarzer Pfeffer verwendet, am besten frisch gemahlen.

Granatapfelsirup: Dies ist der zu konzentriertem Sirup eingekochte saure schwarze Saft von Granatäpfeln, erhältlich in arabischen Lebensmittelgeschäften.

Getränke: Tradition haben im Mittelmeerraum Spirituosen, die mit Anis gewürzt sind – in Frankreich der Pastis, der aus Trauben destilliert wird, im Mittleren Osten Arrak, Raki, Ouzo oder *zibib*, in Marokko *mahia*, hergestellt aus Feigen oder Datteln. Dazu bekommt man immer würzige Häppchen angeboten. Bier und Whisky werden bei heißem Wetter ebenfalls gern getrunken. In moslemischen Ländern reicht man als Erfrischungsgetränke frisch gepressten Zitronensaft, frische Fruchtsäfte, eisgekühlte Sirupgetränke und Joghurt, der mit Eiswasser oder Sprudel aufgeschlagen wird.

In nichtmoslemischen Ländern wird zu den Mahlzeiten immer Wein serviert, eine Sitte, die es wohl wert ist, übernommen zu werden. Es empfiehlt sich ein einfacher, robuster Qualitätswein mit Charakter, dem intensive Würze verschiedenster Art nichts anhaben kann. Einem sehr leichten, trockenen Wein rauben Essig und Zitrone den Körper, neben Süßem schmeckt er sauer; ein erlesener Wein mit vielschichtigem Körper wird durch Gewürze und Chilischoten schlichtweg abgetötet. Ein junger, kräftiger Wein mit einem fruchtigen Charakter ohne allzu große Raffinesse passt dagegen zu Süßem wie zu Saurem und Würzig-Pikantem. Zu einem Früchtedessert können Sie einen süßen Dessertwein reichen. Den Abschluss eines mediterranen Mahls bildet immer eine Tasse starker schwarzer Kaffee – türkischer Mokka oder italienischer Espresso.

ZU DEN MASSANGABEN

Ich habe bei Gemüse meist die benötigte Stückzahl und das Gewicht angegeben, beide sind nur als grober Anhaltswert gedacht. Die Größe einzelner Früchte variiert von einem Geschäft zum anderen, geschweige denn von einem Land zum anderen, dasselbe gilt für Angaben wie »groß« oder »mittelgroß« – bei einem Kilo »mittelgroßer« Tomaten werden Sie 10–16 Früchte in der Tüte finden.

Zum Garen im Ofen habe ich meist runde Tonformen benutzt, doch quadratische und rechteckige Formen eignen sich genauso gut. Die Größe habe ich als Durchmesser angegeben. Auch für Kuchen habe ich runde Formen verwendet.

In den Mittelmeerländern kümmert man sich wenig um genaue Maßangaben und verlässt sich bei der Frage, ob eine Form die richtige Größe hat, lieber aufs Augenmaß. Ebenso wenig richtet man sich beim Abschmecken und Würzen nach Mengenangaben. Ich möchte Sie ermutigen, sich daran ein Beispiel zu nehmen und Ihrem eigenen Geschmackssinn zu vertrauen. Er lässt Sie nie im Stich, auch wenn Sie ein neues, noch unbekanntes Gericht zubereiten.

SALATE UND VORSPEISEN

Salate und kalte Gemüsegerichte sind in allen Ländern des Mittelmeerraums in großer Vielfalt vertreten. Sie werden gern mit einem Drink als Appetithappen, aber auch als Beilage serviert und gehören zu den besonderen Genüssen der Mittelmeerküche. Mit ihrem herzhaften Geschmack – Gewürze und Kräuter sollen den Appetit anregen – und ihren intensiven Farben bringen sie Abwechslung auf den Tisch. Sie lassen sich bestens im Voraus zubereiten. Zwei, drei dieser kleinen Gerichte ergeben, mit Brot und vielleicht mit Käse und Oliven gereicht, eine komplette Mahlzeit.

1 Bund Rucola (etwa 60 g)

3 mittelgroße Tomaten, geviertelt

3 EL mildes natives Olivenöl extra

Saft von 1/2 Zitrone

Salz und frisch gemahlener Pfeffer

Etwa 6 Frühlingszwiebeln,
in Scheiben geschnitten

RUCOLA-TOMATEN-SALAT

Dieses Rezept stammt aus der ägyptischen Küche.

FÜR 4 PERSONEN

Die Rucola in Streifen schneiden, dabei dickere Stiele entfernen. In einer Schüssel mit den Tomaten und den übrigen Zutaten vermischen.

Etwa 200 g gemischte Blattsalate
wie zarter Romana- und
Eichblattsalat, Frisée, Chicorée,
Brunnenkresse, Rucola, Feldsalat,
Löwenzahn und Portulak

1 große Hand voll gehackte frische
Kräutermischung wie Kerbel,
Basilikum, Majoran, Schnittlauch,
Minze, Petersilie und Koriandergrün

Vinaigrette (Seite 218)

GEMISCHTER BLATTSALAT MIT KRÄUTERN

Vor langer Zeit trat dieser Salat als mesclun *von der Provence aus seinen Siegeszug an. Viele Supermärkte ließen sich davon anregen und haben inzwischen gemischte Blattsalate in ihrem Angebot.*

FÜR 4 PERSONEN

Die Salatblätter in einer weiten, flachen Schüssel mit den Kräutern bestreuen.

Den Salat unmittelbar vor dem Servieren mit Vinaigrette beträufeln und durchmischen.

VARIATIONEN

Gebratene Knoblauch-
scheiben zufügen oder Knob-
lauchcroûtons. Dafür
Olivenöl mit etwas zerdrück-
tem Knoblauch erhitzen
und kleine Brotwürfel darin
rösten. Den Salat mit
Walnusshälften bestreuen.

RECHTS: *Gemischter Blattsalat mit Kräutern*

2 Bund Portulak (etwa 250 g)

4 Eiertomaten, geviertelt

1 große oder 2 kleine Salatgurken,
geschält und in dicke Scheiben
geschnitten

4 Frühlingszwiebeln, in Scheiben
geschnitten

Vinaigrette (Seite 218)

100 g Feta, in 1 cm große Würfel
geschnitten (nach Belieben)

8 schwarze Oliven (nach Belieben)

PORTULAKSALAT MIT TOMATEN UND GURKE

*Portulak stammt aus dem alten Ägypten und muss
bei uns erst noch entdeckt werden. Gelegentlich findet man die
fleischigen Blätter gebündelt in griechischen und türkischen
Lebensmittelgeschäften. Für diesen Salat, der eine
leichte Mahlzeit ergibt, können Sie sie nach Belieben in Streifen
schneiden oder ganz lassen.*

FÜR 4 PERSONEN

Die Portulakblätter von den Stielen zupfen. Mit den anderen Salatzutaten in einer Schüssel vermischen und mit Vinaigrette anmachen.

Nach Belieben mit Feta und Oliven garnieren.

1 Kopf Frisée-, Batavia- oder
Romanasalat, in Streifen
geschnitten

Saft von 1/2 Orange

Saft von 1/2 Zitrone

1/2 EL Orangenblütenwasser

2 EL Sesam-, Haselnuss-
oder mildes natives Olivenöl extra

Salz

2 große Orangen (nach Belieben
süß oder säuerlich), geschält und
in Scheiben geschnitten

BLATTSALAT MIT ORANGEN

*Orangen kommen in Marokko in verschiedenen Salaten
vor und werden dort gern mit dem nussartig schmeckenden Öl
beträufelt, das der seltene Arganbaum oder -strauch (Argania
spinosa, ein Sapotegewächs) liefert. Stattdessen können
Sie Sesam- oder Haselnussöl verwenden.*

FÜR 4 PERSONEN

Die Salatblätter mit einem Dressing aus dem Orangen- und Zitronensaft, Orangenblütenwasser, Öl und Salz vermischen.

In einer weiten, flachen Servierschüssel anrichten.

Die Orangenscheiben darauf verteilen.

1 große Salatgurke, geschält und geraffelt oder in der Küchenmaschine gehackt

3 EL natives Olivenöl extra

2 EL Zitronensaft oder
1 EL Weißweinessig

1 EL Orangenblütenwasser (nach Geschmack auch weniger oder mehr)

Salz

1 EL zerriebene getrocknete Minze

Einige schwarze und grüne Oliven (nach Belieben)

GURKENSALAT MIT MINZE

Dieser erfrischende Salat aus dem Nahen Osten besticht durch sein apartes Aroma.

FÜR 4 PERSONEN

Die Gurke abtropfen lassen. Kurz vor dem Servieren in einer Schüssel mit den übrigen Zutaten vermischen. Nach Belieben mit den Oliven garnieren.

2 Dosen kleine weiße Perl- oder Cannellinibohnen (je 400 g)

5 EL natives Olivenöl extra

2 EL Weißweinessig

Salz und frisch gemahlener Pfeffer

1 mittelgroße milde Zwiebel, fein gehackt

3 EL gehackte glattblättrige Petersilie

10 schwarze Oliven

2 feste, aber reife Tomaten, geachtelt

2 große Eier, hart gekocht, geachtelt

WEISSE-BOHNEN-SALAT

Das berühmte türkische piaz *ergibt eine herzhafte Zwischenmahlzeit oder ein leichtes Essen.*

FÜR 4 PERSONEN

Die abgetropften Bohnen mit dem Öl, dem Essig, Salz und Pfeffer anmachen. Zwiebel und Petersilie untermischen.

Den Salat mit den Oliven, Tomaten und Eiern garnieren und servieren.

FOTO SEITE 20/21: *Blattsalat mit Orangen (Rezept Seite 18), Zucchinipüree mit Oliven und Feta (Rezept Seite 26)*

2 Knollen Fenchel

Essig oder Vinaigrette (Seite 218)

FENCHELSALAT

Der feine Anisgeschmack von Fenchel kommt besonders zur Geltung, wenn man das Gemüse roh isst.

FÜR 4 PERSONEN

Die Fenchelknollen längs in Scheiben schneiden. Auf einer Servierplatte anrichten und mit Essig oder Vinaigrette beträufeln.

250 g Möhren (etwa 2 große), geraspelt oder in der Küchenmaschine gehackt

1 Knoblauchzehe, zerdrückt

3 EL Erdnuss- oder anderes mildes Pflanzenöl

1/2 TL Zimtpulver

Salz

2–3 EL Zitronensaft

150 ml Naturjoghurt (nach Belieben auch der besonders dicke griechische Joghurt)

MAROKKANISCHER MÖHRENSALAT MIT JOGHURT

Dieser Salat zergeht förmlich auf der Zunge – als Vorspeise wie auch als Beilage ein Hochgenuss.

FÜR 4 PERSONEN

Die Möhren mit dem Knoblauch bei schwacher Hitze in dem Öl sautieren, dabei häufig rühren, bis sie nach etwa 10 Minuten weich, aber noch nicht gebräunt sind. Mit dem Zimt, Salz und dem Zitronensaft abschmecken und noch etwa 5 Minuten dünsten. Abkühlen lassen.

Den kalten Möhrensalat auf einer flachen Servierplatte anrichten. Den verrührten Joghurt darüber gießen und den Salat servieren.

RECHTS: *Fenchelsalat*

500 g Möhren (etwa 4 große)

2 Knoblauchzehen, zerdrückt

1–2 EL Weißweinessig

4 EL natives Olivenöl extra

$1/2$ TL gemahlener Kreuzkümmel
oder Kümmel

6 schwarze oder grüne Oliven

1 Stück eingelegte Zitronenschale
(Seite 219), in kleine Stücke
geschnitten (nach Belieben)

WÜRZIGES MÖHRENPÜREE

Um den Appetit anzuregen, sind viele nordafrikanische Vorspeisen kräftig gewürzt, gewöhnlich mit Kreuzkümmel. Die einjährige Pflanze wird von alters her in Indien, Arabien und im Mittelmeerraum kultiviert. Unmittelbar vor der Verwendung im Mörser zerstoßen, entfalten die Samen ihre Schärfe und ihr warmes Aroma besonders intensiv.

FÜR 4 PERSONEN

Die Möhren in Wasser weich kochen. Abgießen und mit einer Gabel zerdrücken.

Mit dem Knoblauch, dem Essig, dem Öl und dem Kreuzkümmel oder Kümmel gründlich vermischen. Das Püree mit den Oliven und, nach Belieben, mit der Zitronenschale garnieren. Kalt servieren.

250 g Möhren (2 große), in 2 cm
dicke Scheiben geschnitten

250 g Süßkartoffel (1 große),
in 2 cm große Würfel geschnitten

4 EL kernlose Rosinen oder
Sultaninen

$1/2$ TL Ingwerpulver

$1/2$ TL Zimtpulver

Salz und frisch gemahlener Pfeffer

3 EL natives Olivenöl extra

1 EL Honig

Saft von $1/2$ Zitrone

SALAT VON MÖHREN UND SÜSSKARTOFFELN

Nordafrikanische Vorspeisen können pikant oder, wie in diesem Fall, fein und lieblich schmecken.

FÜR 4 PERSONEN

Möhren und Süßkartoffel in einem Topf knapp mit Wasser bedecken und zum Kochen bringen.

Die übrigen Zutaten einrühren und im offenen Topf köcheln lassen, bis das Gemüse nach etwa 15 Minuten weich und die Sauce zu sirupartiger Konsistenz eingekocht ist. Kalt servieren.

200 g große braune oder grüne Linsen, 1 Stunde in Wasser eingeweicht

Salz

300 g Spinat

1 mittelgroße Zwiebel, gehackt

5–6 EL natives Olivenöl extra

1 TL gemahlener Koriander

Saft von $1/2$–1 Zitrone

Frisch gemahlener Pfeffer

LINSEN-SPINAT-SALAT

Die Mittelmeerküche kombiniert Spinat mit allen dort verbreiteten Hülsenfrüchten – Kichererbsen, Bohnen, Spalterbsen oder Linsen – zu Suppen, Eintöpfen und Salaten. Diese uralte Verbindung hat sich immer bewährt. Zu der hier vorgestellten traditionellen arabischen Zubereitung wird oft Joghurt gereicht.

FÜR 4 PERSONEN

Die Linsen abgießen und 20 Minuten in leise sprudelndem Wasser kochen, erst gegen Ende salzen. Die Linsen erneut abgießen.

Den Spinat waschen und verlesen, die harten Stiele entfernen. Abtropfen lassen und gründlich ausdrücken.

Die Zwiebel in einem großen Topf in 2 Esslöffel Öl bei mittlerer Hitze weich schwitzen. Den Koriander einrühren und den Spinat zugeben.

Leicht salzen und im geschlossenen Topf bei schwacher Hitze kurz dämpfen, bis die Blätter zusammenfallen.

Die Linsen, den Zitronensaft, etwas Pfeffer und das restliche Öl gründlich untermischen. Den Salat kalt servieren.

VARIATIONEN

Tiefgefrorenen Blattspinat auftauen und zur Zwiebel geben. Salzen und unter häufigem Rühren 5–8 Minuten garen.

Die Linsen durch Kichererbsen oder weiße Bohnen, nach Belieben auch aus der Dose, ersetzen.

Für einen ganz anderen Linsensalat 3 mittelgroße reife Tomaten würfeln und 100 g Feta zerdrücken. Beides mit den Linsen vermischen und den Salat mit Vinaigrette (Seite 218) beträufeln.

500 g Zucchini (etwa 3 große)

1–2 Knoblauchzehen, zerdrückt

Saft von $1/2$ Zitrone

3 EL natives Olivenöl extra

$1/2$ TL gemahlener Kreuzkümmel
oder Kümmel

Salz

1 Prise Chilipulver

100 g Feta, mit einer Gabel
zerkrümelt (nach Belieben)

Je 6 grüne und schwarze Oliven
(nach Belieben)

ZUCCHINIPÜREE MIT OLIVEN UND FETA

In diesem marokkanischen Salat gewinnen die sonst eher dezenten Zucchini eine ganz neue, exotische Note.

FÜR 4 PERSONEN

Die Zucchini in Wasser weich kochen. Abgießen und mit einer Gabel zerdrücken. Mit dem Knoblauch, Zitronensaft, Öl, Kreuzkümmel oder Kümmel, Salz und Chilipulver gründlich vermischen.

Das Püree nach Belieben mit zerkrümeltem Feta und ganzen Oliven garnieren.

500 g Zucchini (etwa 3 große), längs in Scheiben geschnitten

Reichlich Oliven- oder anderes Pflanzenöl zum Ausbacken oder Bestreichen

Salz

400 ml Naturjoghurt, nach Belieben auch der besonders dicke griechische Joghurt

AUSGEBACKENE ZUCCHINISCHEIBEN MIT JOGHURT

Für diese traditionelle arabische Zucchinizubereitung kann das Gemüse auch gegrillt werden, anstatt es zu braten.

FÜR 4 PERSONEN

Die Zucchini in reichlich heißem Öl ausbacken, bis sie schön gebräunt sind, dabei einmal wenden. Auf Küchenpapier abtropfen lassen und salzen.

Alternativ die Zucchini im Ofen grillen: Von beiden Seiten ganz leicht mit Öl bestreichen, salzen und auf ein Backblech legen. In den Ofen schieben und grillen, zwischendurch einmal wenden – sie sollen beidseits schön gebräunt sein.

Mit glatt gerührtem Joghurt (Raumtemperatur) überziehen und heiß oder kalt servieren.

VARIATIONEN

Den Joghurt mit 1 zerdrückten Knoblauchzehe und 2 TL zerriebener getrockneter Minze vermischen. Er sollte in jedem Fall Raumtemperatur haben, auch wenn die Zucchini heiß serviert werden.

Auberginen, längs in Scheiben geschnitten, lassen sich genauso zubereiten. Gewöhnlich werden sie vor dem Ausbacken gesalzen und 30 Minuten entwässert, doch kann dieser Arbeitsschritt auch entfallen.

Anmerkung Eine traditionelle Ergänzung zu diesen Zucchinischeiben ist eine frische Tomatensauce. Dafür 2 Knoblauchzehen sehr fein hacken und in 3 Esslöffel Olivenöl bei schwacher Hitze anschwitzen, bis sich der Knoblauchduft entfaltet. 8 reife, enthäutete und gehackte Tomaten mit Salz, Pfeffer und ein wenig Zucker einrühren und 10–15 Minuten leise köcheln lassen. Dabei dickt die Sauce ein und das Öl setzt sich allmählich an der Oberfläche ab. Diese Sauce wird warm serviert.

500 g Babyauberginen

Salz

5 Knoblauchzehen, geschält

4 EL natives Olivenöl extra

2 EL Granatapfelsirup

Saft von $1/2$ Zitrone

$1/2$ TL Chilipulver

$1/2$ TL Kreuzkümmel

3 EL gehackte glattblättrige
Petersilie

MARINIERTE KLEINE AUBERGINEN

*Die etwa 10 cm großen Babyauberginen bekommen
Sie häufig in arabischen und türkischen Delikatessenläden.*

FÜR 4–6 PERSONEN

Die Auberginen waschen und die Blütenansätze entfernen, nicht jedoch die Stiele. Die Früchte längs halbieren, ohne sie völlig zu durchtrennen: Die beiden Hälften sollen am Stielansatz noch zusammenhängen.

Zusammen mit den Knoblauchzehen in Salzwasser etwa 15 Minuten kochen und abgießen.

Für die Marinade die gekochten Knoblauchzehen zerdrücken und mit den restlichen Zutaten vermischen. Die abgetropften Auberginen in der Marinade wenden und dabei auseinander spreizen, damit die würzige Mischung gut in die Schnittflächen eindringen kann. Mindestens einen halben Tag ruhen lassen und kalt servieren.

300 g gemischte Oliven

Saft von 2 großen Zitronen
(etwa 125 ml)

1 TL Paprikapulver

$1/2$ TL Cayennepfeffer

1 Knoblauchzehe, zerdrückt

Salz

3 EL natives Olivenöl extra

3 EL gehackte glattblättrige
Petersilie

RECHTS: *Marinierte kleine
Auberginen*

OLIVENSALAT

Es empfiehlt sich, verschiedene Olivensorten – schwarze, grüne, violette – zu verwenden, damit das Gericht farblich interessanter wird. Dieses Rezept stammt aus Marokko.

FÜR 4–6 PERSONEN

Die Oliven kurz unter fließendem Wasser abspülen, abtropfen lassen. Die Oliven entsteinen und in eine Schüssel geben. Die übrigen Zutaten hinzufügen und alles gründlich vermischen. Den Olivensalat vor dem Servieren zudeckt kalt stellen und ziehen lassen.

1 große Aubergine (etwa 500 g)

2 EL Granatapfelsirup

3 EL natives Olivenöl extra

Salz und frisch gemahlener Pfeffer

1–2 Knoblauchzehen, zerdrückt
(nach Belieben)

2 EL gehackte glattblättrige
Petersilie

VARIATION

Für den traditionellen
Auberginen-»Kaviar« anstelle
des Granatapfelsirups den Saft
von 1/2–1 Zitrone verwenden.

FEIN GEHACKTE AUBERGINEN MIT GRANATAPFELSIRUP

*Dies ist die syrische Variante des berühmten
Auberginen-»Kaviars«, dem man im gesamten Mittelmeerraum
begegnet. Der beinahe schwarze Granatapfelsirup, den es in
arabischen Lebensmittelgeschäften zu kaufen gibt, verleiht dieser
Zubereitung einen interessanten, süßsauren Geschmack und
eine aparte Farbe. Reichen Sie dazu warmes
Brot zum Dippen.*

FÜR 4 PERSONEN

Die Aubergine im sehr heißen Ofen rösten, wie auf Seite 217 beschrieben, etwas abkühlen lassen und enthäuten. Die Flüssigkeit ausdrücken und das Fruchtfleisch in einem Sieb mit zwei spitzen Messern fein hacken – so erhält man eine bessere Konsistenz als beim Pürieren in der Küchenmaschine. Abtropfen lassen.

Die Aubergine in einer Schüssel mit den übrigen Zutaten außer der Petersilie gründlich vermischen. Auf einer Servierplatte anrichten und mit der Petersilie bestreuen.

2 mittelgroße Auberginen, in etwa
1 cm dicke Scheiben geschnitten

Salz

Oliven- oder anderes Pflanzenöl
zum Braten

2–3 EL Granatapfelsirup

3 EL Wasser

3 Knoblauchzehen, grob gehackt

3 EL gehackte glattblättrige
Petersilie

AUSGEBACKENE AUBERGINENSCHEIBEN MIT GRANATAPFELSIRUP

In allen Mittelmeerländern sind gebratene beziehungsweise in reichlich Öl ausgebackene Auberginen fester Bestandteil des Speisezettels. Besonders köstlich ist diese syrische Variante mit Granatapfelsirup.

FÜR 4 PERSONEN

Die Auberginen großzügig salzen und 30 Minuten Saft ziehen lassen. Gleichzeitig mit dem Entwässern werden die Bitterstoffe entfernt. Gründlich abspülen und mit Küchenpapier trockentupfen.

Eine Pfanne etwa 1,25 cm hoch mit Öl füllen und kräftig erhitzen. Die Auberginen darin ausbacken, dabei einmal wenden. Zunächst bei starker, dann bei reduzierter Hitze ausbacken, damit die Scheiben nicht braun werden, bevor sie durch und durch gar sind. Die Auberginen auf Küchenpapier abtropfen lassen und mit weiterem Küchenpapier sanft abtupfen. Auf einer großen, flachen Servierplatte anrichten – die Scheiben nur wenig überlappend darauf legen – und abkühlen lassen.

Den Granatapfelsirup mit dem Wasser verrühren und die Auberginen damit beträufeln.

Den Knoblauch in einem kleinen Topf bei schwacher Hitze in 4 Esslöffel Bratöl (der Auberginen) goldgelb werden lassen.

Die kalten Auberginenscheiben mit dem Knoblauch und der Petersilie bestreuen und servieren.

VARIATIONEN

Den Granatapfelsirup weglassen und stattdessen die Auberginen großzügig mit dickem griechischem Joghurt bestreichen oder mit Tomatensauce (Seite 218) überziehen.

2 Knoblauchzehen, fein gehackt

2 EL natives Olivenöl extra

500 g reife Tomaten (etwa 6 mittelgroße), enthäutet und gehackt

1–2 TL Zucker

Salz

$^1/_2$ TL Paprikapulver
(nach Belieben)

1 kräftige Prise Chilipulver
(nach Belieben)

Je 3 rote und gelbe Paprikaschoten

FÜR DAS FLADENBROT

300 g Weizenmehl

150 g feiner Hartweizengrieß

$^1/_2$ TL Salz

$^1/_4$ l Wasser oder etwas mehr

PAPRIKAWÜRFEL IN TOMATENSAUCE MIT FLADENBROT

Diese nordafrikanische Vorspeise namens shoucouka *kann eher lieblich oder aber feurig scharf sein.*

FÜR 4 PERSONEN

Den Knoblauch in dem Öl goldgelb schwitzen. Die Tomaten mit dem Zucker, dem Salz sowie dem Paprika- und Chilipulver einrühren und bei schwacher Hitze in 30 Minuten zu einer sehr sämigen Sauce einkochen lassen.

Die Paprikaschoten rösten und enthäuten (Anleitung der Seite 216), dabei den austretenden Saft auffangen und unter die Tomatensauce rühren.

Die Paprikaschoten in kleine Vierecke schneiden und mit der Tomatensauce vermischen. Kalt servieren.

Für das Fladenbrot, das im Gegensatz zu dem Rezept auf der Seite 221 ohne Hefe zubereitet wird, das Mehl, den Hartweizengrieß und das Salz in einer Schüssel vermischen. Das Wasser einarbeiten, es soll ein glatter, formbarer Teig entstehen.

8–10 gleich große Teigkugeln formen, mit Mehl bestauben, mit einem Tuch abdecken und 30 Minuten ruhen lassen.

Den Ofen auf 230 °C vorheizen.

Die Kugeln auf der bemehlten Arbeitsfläche möglichst dünn ausrollen. Die Fladen auf ein mit Öl beschichtetes schweres Backblech legen und 3 Minuten backen. Wenden und in 2 Minuten goldbraun backen. Auf einem Kuchengitter auskühlen lassen.

3 Knoblauchzehen

1 mittelgroße Zwiebel, gehackt

400 g (etwa 10 kleine) tiefgefrorene Artischockenherzen oder -böden, in Scheiben geschnitten oder geviertelt

4 EL natives Olivenöl extra

200 g gepalte zarte Erbsen

200 g ausgehülste dicke Bohnen

2 EL gehackte frische Minze

2 EL gehackter frischer Dill

Salz und frisch gemahlener Pfeffer

Saft von $^1/_2$ Zitrone

2 TL Zucker

Etwa 4 EL Wasser

TIPP

Junge, kleine Artischocken, die man im Ganzen essen kann, sind bei uns schwer zu bekommen, und die Verarbeitung der großen Exemplare ist etwas mühsam. Daher verwende ich Tiefkühlware (Dosenkonserven sind weniger zu empfehlen). Dicke Bohnen und Erbsen findet man bisweilen schon ausgehülst im Supermarkt. In einem iranischen Lebensmittelgeschäft in meiner Nachbarschaft, wo ich die tiefgefrorenen Artischockenböden (als 400-g-Packung aus Ägypten) kaufe, entdeckte ich vor kurzem auch sehr gute tiefgefrorene, enthäutete dicke Bohnen.

DICKE BOHNEN MIT ERBSEN UND ARTISCHOCKEN

Die Kombination aus dicken Bohnen und Artischocken ist in fast allen Mittelmeerländern beliebt. In Sizilien kommen noch Erbsen hinzu. Eine rundum gelungene Verbindung, die als Vorspeise ebenso mundet wie als Beilage.

FÜR 4–6 PERSONEN

Die Knoblauchzehen schälen und in ganz feine Würfel schneiden.

Die Zwiebel in dem Öl goldgelb anschwitzen. Knoblauch, Artischocken, Erbsen und Bohnen etwa 2 Minuten sanft mitschwitzen, dabei häufig wenden.

Die Kräuter, Salz und Pfeffer, den Zitronensaft, Zucker und das Wasser einrühren. Im geschlossenen Topf weitere 10 Minuten dünsten, bis die Hülsenfrüchte weich sind. Nach Bedarf noch etwas Wasser zugeben.

Das Gemüse heiß oder kalt servieren.

Anmerkung Zur Vorbereitung und Verwendung frischer Artischockenherzen siehe Seite 217.

500 g Shiitake oder eine Mischung anderer Pilze

1 mittelgroße Zwiebel, gehackt

3 EL natives Olivenöl extra

3 Knoblauchzehen, gehackt

Saft von 1/2 Zitrone

150 ml trockener, fruchtiger Weißwein

Salz und frisch gemahlener Pfeffer

3 EL gehackte glattblättrige Petersilie

PILZE MIT KNOBLAUCH UND WEISSWEIN

Hier ein Rezept für Pilze aus der traditionellen französischen und italienischen Küche. Eine Mischung aus Wildpilzen wie Pfifferlingen, Steinpilzen und Morcheln verspricht einen köstlichen, aber auch kostspieligen Genuss. Shiitake sind eine empfehlenswerte Alternative. Dazu passen gut geröstete Briochehälften oder -scheiben.

FÜR 4 PERSONEN

Die Pilze mit Küchenpapier trocken abreiben (nicht waschen), putzen und besonders große Exemplare in 2,5 cm große Stücke schneiden.

Die Zwiebel in dem Öl bei nicht zu starker Hitze glasig schwitzen. Die Pilze mit dem Knoblauch zufügen und dünsten, bis der austretende Saft weitgehend verdampft ist. Mit dem Zitronensaft beträufeln und mit dem Wein ablöschen. Salzen und pfeffern und noch 5–10 Minuten weiterdünsten.

Die Petersilie einrühren und die Pilze als heiße oder kalte Vorspeise servieren.

1 große Zwiebel, gehackt

5 EL natives Olivenöl extra

750 g Süßkartoffeln, in 4 cm große Würfel geschnitten

$1/2$–$3/4$ TL Ingwerpulver

1 Prise gemahlener Safran (nach Belieben)

1 TL Paprikapulver

1 TL Zimtpulver

1 Prise Cayennepfeffer (nach Geschmack)

Saft von $1/2$–1 Zitrone

2 TL Zucker

Salz

4 EL gehacktes Koriandergrün oder glattblättrige Petersilie

SÜSSKARTOFFELSALAT

Dieser marokkanische Salat besticht durch seine reizvolle Mischung lieblicher und würziger Noten. In der hier vorgestellten Variante ist er ein besonderer Genuss. Ergänzen Sie zur Abwechslung eine Hand voll schwarze Oliven, gehackte eingelegte Zitronenschale (Seite 219) und einen Esslöffel Kapern.

FÜR 4 PERSONEN

Die Zwiebel in einer Pfanne bei nicht zu starker Hitze in 3 Esslöffel Öl weich dünsten. Die Süßkartoffeln dazugeben und knapp mit Wasser bedecken.

Ingwer, Safran (falls verwendet), Paprika, Zimt, Cayennepfeffer, Zitronensaft, Zucker und Salz einrühren. In der offenen Pfanne 15 Minuten köcheln lassen, bis die Süßkartoffeln weich sind, und diese dabei einmal wenden. Sie dürfen nicht übergart werden, da sie sonst zerfallen.

Die Sauce soll zu einer sirupartigen Konsistenz eingekocht sein. Ist dies nicht der Fall, muss sie noch weiter reduziert werden. Dafür die Süßkartoffeln vorher mit einer Schaumkelle herausnehmen und auf einer Servierplatte anrichten. Ganz zum Schluss das Koriandergrün oder die Petersilie sowie das restliche Öl in die Sauce einrühren und über die Kartoffeln gießen. Den Salat kalt servieren.

750 g Kartoffeln

Salz

4 EL natives Olivenöl extra

1 1/2 EL Weißweinessig

Frisch gemahlener Pfeffer

1/2 TL Harissa (Seite 219) oder
1 kräftige Prise Cayennepfeffer
(nach Belieben)

50 g Anchovisfilets (1 kleine Dose),
fein gehackt (nach Belieben)

1–3 Knoblauchzehen, zerdrückt
(nach Belieben)

1 großes Bund Petersilie,
fein gehackt

2 EL Kapern in Essig, abgetropft

KARTOFFELPÜREE MIT ANCHOVIS

*Diese tunesische Spezialität eignet sich als selbstständige
kleine Vorspeise oder auch als Beilage und passt sehr gut zu Fisch.
Die Anchovis dominieren den Geschmack, sind aber
kein unbedingtes Muss.*

FÜR 4 PERSONEN

Die Kartoffeln schälen und in leicht gesalzenem Wasser gar
kochen. Abgießen, dabei etwas Kochwasser auffangen.

Die Kartoffeln mit dem Öl, dem Essig und 2–4 Esslöffel
Kochwasser zu einem weichen, geschmeidigen Püree zer-
drücken. Die restlichen Zutaten gründlich untermengen.
Das Püree kalt servieren.

150 g Walnusskerne

1 1/2–2 EL Tomatenmark

1 Scheibe Weizenvollkornbrot,
entrindet und leicht geröstet

8 EL natives Olivenöl extra

2 EL Granatapfelsirup oder
Saft von 1/2 Zitrone

1 TL grob zerstoßene scharfe
rote Chiliflocken oder
1 Prise Chilipulver

1 TL Kreuzkümmel

2 TL Zucker

Salz

WÜRZIGE WALNUSSPASTE

In der Türkei ist diese pikante Paste als muhammara
*bekannt. Man isst sie dort als Dip mit Brot oder zu Salaten.
Da sie sich mehrere Tage hält, können Sie ohne weiteres eine
größere Menge zubereiten. Den Granatapfelsirup gibt es in
arabischen oder indischen Spezialitätengeschäften zu kaufen.*

FÜR 6–8 PERSONEN

Alle Zutaten in der Küchenmaschine zu einer homogenen
Paste verarbeiten.

RECHTS: *Würzige Walnusspaste mit
Focaccia (Rezept Seite 221)*

150 g fein oder mittelfein
geschroteter Bulgur

500 g Tomaten (etwa 6 mittelgroße), enthäutet und im Mixer
püriert

Saft von 1/2 Zitrone

1 TL Tomatenmark

3–4 EL natives Olivenöl extra

Salz

1 Prise zerstoßene Chiliflocken oder
Chilipulver (nach Geschmack)

1 kleine milde Zwiebel oder
5 Frühlingszwiebeln, fein gehackt

100 g Walnusskerne oder Pistazien,
nach Belieben auch eine Mischung

BULGURSALAT MIT WALNÜSSEN

Für diese türkische Spezialität namens batrik *wird der
Bulgur einfach in saftigen, frisch pürierten Tomaten eingeweicht
und mit Walnüssen, Pistazien und Zwiebeln vermischt.
Nach Geschmack erhält er eine feurige Schärfe.*

FÜR 4–6 PERSONEN

Den Bulgur mit den Tomaten, dem Zitronensaft und dem
Tomatenmark vermischen. Etwa 1 Stunde quellen lassen,
bis die Körner die Flüssigkeit aufgenommen haben und
weich sind. Öl, Salz und nach Geschmack Chiliflocken oder
-pulver untermischen. Unmittelbar vor dem Servieren die
Zwiebel und Nüsse untermengen.

250 g mittelfeiner Couscous

1 grüne oder rote Paprikaschote,
gewürfelt

3 mittelgroße Tomaten, enthäutet
und gewürfelt

10 Frühlingszwiebeln, in feine
Scheiben geschnitten

Salz und frisch gemahlener Pfeffer

Saft von 1 Zitrone, nach Belieben
auch mehr

5–8 EL natives Olivenöl extra

Einige frische Minzestengel, die
Blätter in feine Streifen geschnitten

1 großes Bund glattblättrige
Petersilie, gehackt

COUSCOUSSALAT

*Zwar ist mir in Nordafrika kein Couscoussalat begegnet,
dafür bekommt man umso häufiger in Frankreich* taboulé,
die libanesische Variante mit Minze und Petersilie.

FÜR 4–6 PERSONEN

Den Couscous in eine Schüssel streuen, mit 300 ml kaltem
Wasser übergießen und gründlich durchmischen. Mindes-
tens 30 Minuten quellen lassen, bis er weich ist. Die übrigen
Zutaten untermischen.

RECHTS: *Bulgursalat mit Walnüssen,
hier mit Chiliringen garniert*

2 große Zwiebeln, geschält und halbiert

$^1/_8$ l mildes natives Olivenöl extra

1 TL Zucker

150 g große braune Linsen, 1 Stunde in kaltem Wasser eingeweicht

$^1/_2$ TL Zimtpulver

$^1/_2$ TL Piment

700 ml Wasser

150 g Parboiled Reis (Langkorn) oder Basmatireis

Salz und reichlich frisch gemahlener Pfeffer

BRAUNE LINSEN UND REIS MIT KARAMELLISIERTEN ZWIEBELN

In Syrien und dem Libanon heißt dieses Gericht mudardara, *in Ägypten* megadarra. *Ob kalt oder warm serviert, wird es meist von Joghurt und einem Gurken-Tomaten-Salat begleitet. Zwar habe ich diese Spezialität schon in vorherigen Büchern vorgestellt, doch darf sie meines Erachtens auch hier nicht fehlen. Während der vorbehandelte Parboiled Reis nicht gewaschen werden muss, sollte man Basmatireis mit kochendem Wasser übergießen, umrühren, einige Minuten stehen lassen und in einem Sieb kalt abspülen.*

FÜR 4–6 PERSONEN

Zunächst für die Garnitur 3 Zwiebelhälften in Scheiben schneiden. In 3 Esslöffel Öl bei mittlerer Hitze anschwitzen, mit dem Zucker bestreuen und unter häufigem Rühren karamellisieren lassen. Beiseite stellen.

Die restliche Zwiebelhälfte hacken und in 1 Esslöffel Öl bei mittlerer Hitze goldgelb schwitzen.

Die Linsen abgießen und mit dem Zimt und Piment in dem frischen Wasser etwa 15 Minuten leise köcheln lassen.

Den Reis mit einer Prise Salz untermischen. Zugedeckt noch etwa 18 Minuten simmern lassen, bis der Reis gerade eben gar ist.

Die gehackte Zwiebel und das restliche Öl unterziehen, salzen und pfeffern.

Die karamellisierten Zwiebeln darauf verteilen und das Gericht warm oder kalt servieren.

VARIATION

Nach einem anderen, vielleicht einfacheren Rezept werden Linsen und Reis in separaten Töpfen gekocht, abgegossen und erst dann vermischt.

2 große Möhren, in 2 cm dicke
Scheiben geschnitten

450 g Knollensellerie (1 mittel-
großes Exemplar), geschält und in
2 cm große Würfel geschnitten

250 g Süßkartoffel (1 mittelgroße),
geschält und in 2 cm große Würfel
geschnitten

6 EL mildes natives Olivenöl extra

Saft von ¹/₂ Zitrone

Salz und frisch gemahlener Pfeffer

1–2 TL Zucker

2 EL gehackter frischer Dill

FOTO LINKS

200 g getrocknete Kichererbsen,
über Nacht eingeweicht

80 g Tahin (Sesampaste,
aus dem Glas)

2 Knoblauchzehen, zerdrückt

Saft von 1¹/₂ Zitronen

2 EL natives Olivenöl extra

1 Messerspitze Cayennepfeffer

Salz

1 EL Sesamöl

3 EL gehackte glattblättrige
Petersilie

1 TL gemahlener Kreuzkümmel
(nach Belieben)

Cayennepfeffer (nach Belieben)

WURZELGEMÜSE IN OLIVENÖL

Gemüse, langsam in einer Mischung aus Olivenöl und Wasser mit Kräutern gekocht und kalt serviert, ist typisch für die östlichen Mittelmeerländer. Hier eine winterliche Variante.

FÜR 4–6 PERSONEN

Das Gemüse in einem großen Topf in dem Öl bei schwacher Hitze 5 Minuten dünsten, dabei gelegentlich durchmischen. Den Zitronensaft, Salz, Pfeffer und Zucker nach Geschmack dazugeben und alles so eben mit Wasser bedecken. Leise köcheln lassen, bis das Gemüse nach 25–30 Minuten durch und durch gar ist. Zugedeckt weitere 20 Minuten köcheln, den Deckel abnehmen und die Sauce einkochen lassen.

Erst gegen Ende den Dill einrühren. Kalt servieren.

HUMMUS BI TAHINI

Dieses Kirchererbsenpüree mit Sesampaste kommt aus dem Libanon.

FÜR 4 PERSONEN

Die Kichererbsen bei schwacher Hitze 2 Stunden zugedeckt kochen, bis sie sehr weich sind. Abgießen (etwas Garflüssigkeit auffangen und beiseite stellen) und im Mixer pürieren.

Tahin, Knoblauch, Zitronensaft und Olivenöl hinzufügen, alles gründlich vermischen und mit Salz und Cayennepfeffer abschmecken; eventuell das Püree mit ein wenig Garflüssigkeit verdünnen. 30 Minuten kühl stellen. Zum Servieren das Püree mit Sesamöl beträufeln und Petersilie und Gewürze nach Belieben aufstreuen.

SUPPEN

Eine Suppe ist stets eine gelungene Einstimmung auf ein gutes Essen. Mit einer Scheibe Brot oder Fladenbrot serviert, ergibt sie aber auch ein vollwertiges Hauptgericht oder sogar eine eigenständige Mahlzeit. Die Mittelmeerküche kennt die gesamte Palette von leichten Gemüsecreme- über geeiste Sommersuppen bis hin zu aromatischen Brühen mit Gemüse und Reis oder auch den gehaltvollen winterlichen Kompositionen aus Linsen, Bohnen und Kichererbsen.

1–2 Melonen (1,5 kg, geschält etwa 1 kg)

2,5 cm Ingwerwurzel, gerieben (ersatzweise der Saft, mit der Knoblauchpresse gewonnen)

1 1/2–2 EL Weißweinessig (nach Belieben auch weniger oder mehr)

2 EL natives Olivenöl extra

Salz und frisch gemahlener weißer Pfeffer

6 EL gemahlene Mandeln

FOTO RECHTS

500 g dicker Joghurt

3 Knoblauchzehen, zerdrückt

1 große Salatgurke, geschält, entkernt und in kleine Würfel geschnitten

3 EL gehackte geröstete Walnusskerne

2 EL gehackte Minze

Salz und frisch gemahlener Pfeffer

Eiswasser

ZUM GARNIEREN

1 EL natives Olivenöl extra

1/4 TL Paprikapulver

EISKALTE MELONENSUPPE

Die delikate und erfrischende Sommersuppe wird nach traditioneller Art der Mittelmeerküche mit gemahlenen Mandeln gebunden. Verwenden Sie süße, reife Melonen.

FÜR 4 PERSONEN

Die Melone(n) schälen und die Kerne entfernen.

Das Fruchtfleisch mit den übrigen Zutaten im Mixer pürieren, bis eine glatte, dünnflüssige Mischung entstanden ist. Kalt stellen. Die Mandeln nehmen die Flüssigkeit auf, sodass die Suppe cremig eindickt. Sie sollten sich die Mühe machen und die Mandeln frisch mahlen (vorher enthäuten), das Aroma ist unvergleichbar intensiver.

Eiskalt servieren.

CACIK

Diese kalte Joghurt-Gurken-Suppe ist eines der bekanntesten Gerichte der türkischen Küche. Ohne Wasser ergibt das Rezept einen erfrischenden Sommersalat.

FÜR 4 PERSONEN

In einer Schüssel alle Zutaten – außer dem Eiswasser – verrühren. Zugedeckt für 2–4 Stunden in den Kühlschrank stellen.

Zum Servieren als Suppe den Gurkenjoghurt mit Eiswasser auf die gewünschte Konsistenz verdünnen. Abschmecken, mit dem Olivenöl beträufeln, zuletzt mit Paprika bestreuen und kalt servieren.

1 rote Paprikaschote, Samen und
Scheidewände entfernt, das
Fruchtfleisch in Stücke geschnitten

1–3 Knoblauchzehen, zerdrückt

3 Scheiben Weißbrot, entrindet und
in Stücke geschnitten

1,5 kg reife Eiertomaten, enthäutet

6 EL Sherry- oder Weißweinessig

5 EL natives Olivenöl extra

Salz und frisch gemahlener Pfeffer

1–2 TL Zucker (nach Geschmack)

ZUM GARNIEREN

12 Eiswürfel

1 mittelgroße Salatgurke, geschält
und fein gewürfelt

1 rote Zwiebel oder
4 Frühlingszwiebeln, gehackt

1 grüne Paprikaschote, die Samen
und Scheidewände entfernt, das
Fruchtfleisch fein gewürfelt

ROTER GAZPACHO

*Für die berühmte kalte Suppe Andalusiens sind zahlreiche
Rezepte in Umlauf. Mir schmeckt diese Version besonders gut, die
durch die vielen Tomaten eine schöne rote Farbe und eine
püreeartige Konsistenz erhält. Etwas Besseres ist an einem heißen
Sommertag kaum vorstellbar.*

FÜR MINDESTENS 6 PERSONEN

Die rote Paprikaschote im Mixer pürieren. Die übrigen Suppenzutaten hinzufügen und weiter mixen – bei Bedarf in mehreren Portionen –, bis eine leichte, glatte Creme entstanden ist. Falls nötig, etwas kaltes Wasser dazugeben. Die Suppe durch ein Sieb passieren (ist kein Muss) und zugedeckt kalt stellen.

Vor dem Anrichten in jede Suppenschale zwei Eiswürfel legen und für jeden Gast einen kleinen Teller mit den Gemüsegarnituren bereitstellen.

Anmerkung Weit verbreitet sind Rezepturen, bei denen gleiche Mengen Paprikaschoten und Tomaten verwendet und zusätzlich Salatgurken mitgemixt werden. Für das oben ausgeführte Rezept ergeben sich dann folgende Mengen: je 600 g Tomaten und Paprikaschoten – diese dürfen auch verschiedenfarbig sein – sowie 300 g geschälte, vom Samenstrang befreite Salatgurke.

GRÜNE GEMÜSESUPPE MIT ZITRONE

Hier eine meiner Lieblingssuppen, die es früher zu Hause in Ägypten häufig gab. Sie schmeckt sehr zitronig, was auch in ihrem arabischen Namen hamud *anklingt, und intensiv nach frischer Minze. Wir verwendeten früher Hühnerbrühe, genauso aber eignet sich auf dem Instantweg zubereitete Gemüsebrühe. Gekochter Reis, zuletzt eingerührt, macht aus der Suppe eine sättigende Mahlzeit. Den Zitronensaft können Sie ganz nach Geschmack dosieren.*

FÜR 6–8 PERSONEN

2 l Gemüsebrühe (mit 2^1/2 Brühwürfeln zubereitet)

2–3 mittelgroße Lauchstangen, in 2 cm dicke Scheiben geschnitten

1 mittelgroße Knolle Sellerie, geschält und in 2 cm dicke Scheiben geschnitten

1 große Kartoffel, geschält und gewürfelt

Salz und frisch gemahlener weißer Pfeffer

3 große Knoblauchzehen, gehackt

Saft von 1–3 Zitronen (nach Geschmack)

1 TL Zucker (nach Belieben auch mehr)

3 mittelgroße Zucchini, in 1,25 cm dicke Scheiben geschnitten

6 frische oder tiefgefrorene Artischockenherzen (zur Vorbereitung frischer Artischocken siehe Seite 217), halbiert (nach Belieben)

100 g Pinienkerne oder blanchierte Mandeln, im Mixer gemahlen

2 EL getrocknete Minze

200 g Langkornreis, gekocht und warm gestellt (roh gewogen)

Die Brühe in einem großen Topf zum Kochen bringen. Lauch, Sellerie und Kartoffel mit Salz, Pfeffer, Knoblauch, Zitronensaft und Zucker hineingeben und etwa 30 Minuten köcheln lassen.

Die Zucchini und Artischocken, falls verwendet, zufügen und weitere 15 Minuten köcheln lassen. Die Suppe jetzt abschmecken. Erst danach die Mandeln oder Pinienkerne – sie geben der Suppe einen besonders feinen Geschmack – sowie die Minze einrühren und die Suppe weitere 5–10 Minuten simmern lassen.

In einzelnen Suppenschalen auf dem heißen Reis anrichten.

Anmerkung Wenn Sie den Reis gleichzeitig mit der Suppe kochen und, warm gestellt, ausquellen lassen, können Sie beides wirklich heiß servieren.

750 g orangefleischiger Kürbis
(ohne Kerne und Fasern gewogen)

500 g Kartoffeln (etwa 4 große),
geschält und gewürfelt

1 ^{1}/$_4$ l Milch

Salz und frisch gemahlener
weißer Pfeffer

1 EL Zucker (nach Geschmack)

2 Lorbeerblätter

1 Thymianzweig

2 Zimtstangen

150 ml Crème fraîche, saure Sahne
oder dicker griechischer Joghurt

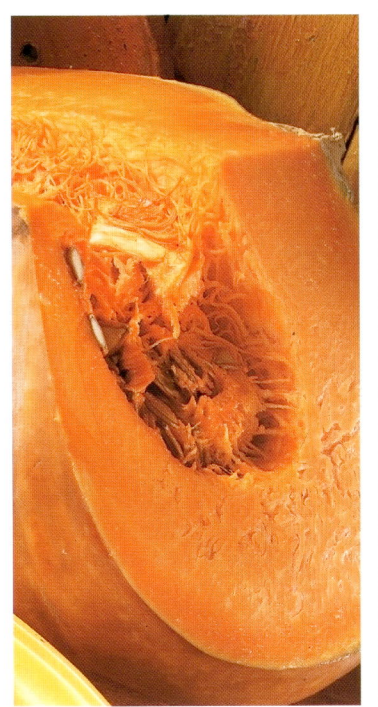

KÜRBISSUPPE MIT MILCH

*Überall rund ums Mittelmeer kennt man Kürbissuppen.
Diese besonders schmackhafte Version stammt aus der Provence.
Orangefleischigen Kürbis bekommen Sie das ganze Jahr über
in türkischen und arabischen Lebensmittelgeschäften. Da Kürbis
immer wieder anders schmeckt, müssen Salz und Zucker sorgfältig
ausbalanciert werden. Streuen Sie zunächst nur wenig Salz und
Zucker ein, und fügen Sie dann nach Bedarf mehr hinzu.*

FÜR 4 PERSONEN

Den Kürbis schälen und das Fruchtfleisch würfeln. Mit den Kartoffeln und der Milch, etwas Salz, Pfeffer und Zucker, den Lorbeerblättern, dem Thymian und den Zimtstangen in einen Topf füllen.

Den Topf schließen, den Inhalt aufkochen und bei schwacher Hitze 20–25 Minuten köcheln lassen, bis die Kartoffeln und der Kürbis ganz weich sind.

Die Lorbeerblätter und Zimtstangen sowie den Thymianzweig entfernen und das Gemüse mit dem Kartoffelstampfer (nicht im Mixer) zerdrücken. Die Suppe abschmecken und nach Bedarf mit Wasser verdünnen. Nochmals 1–2 Minuten köcheln lassen.

Heiß servieren. Auf jede Portion einen Löffel Crème fraîche, saure Sahne oder Joghurt setzen oder dies den Gästen selbst überlassen.

500 g Kartoffeln (etwa 4 große)

1 1/2 l Wasser oder Gemüsebrühe
(nach Belieben mit Brühwürfeln
zubereitet)

1/4 l trockener, fruchtiger Weißwein
(nach Belieben)

250 g Shiitake

2 Knoblauchzehen, zerdrückt

4 EL mildes Pflanzenöl

Salz und frisch gemahlener Pfeffer

1 großes Bund glattblättrige
Petersilie, fein gehackt

1 Zitrone, geachtelt

150 ml Crème fraîche
(nach Belieben)

PILZSUPPE

Diese Suppe erhält ihre sämige Konsistenz durch Kartoffeln.

FÜR 4 PERSONEN

Die Kartoffeln schälen und in Stücke schneiden. Im Wasser oder in der Brühe und dem Wein, falls verwendet, weich kochen. Mit dem Kartoffelstampfer zerdrücken oder durch eine Presse drücken und zurück in den Topf geben.

Die Pilze in der Küchenmaschine hacken. Mit dem Knoblauch in einer Pfanne 5 Minuten unter ständigem Rühren in dem Öl braten. Die Pilze unter die Kartoffelsuppe mischen.

Die Suppe salzen und pfeffern und noch einige Minuten köcheln lassen. Die Petersilie einrühren und die Suppe noch einmal aufkochen lassen. Sofort servieren, dazu die Zitronenspalten und nach Belieben Crème fraîche reichen.

KNOBLAUCHSUPPE MIT SALBEI

Zum Servieren legt man in jede Suppenschale eine Scheibe geröstetes Weißbrot und schöpft die Suppe darüber.

FÜR 4 PERSONEN

1,2 l Wasser

8 Knoblauchzehen, fein gehackt

12 frische Salbeiblätter

3 Zweige frischer Thymian

Salz und frisch gemahlener Pfeffer

5 Eigelb, leicht verquirlt

4 EL natives Olivenöl extra

8 EL frisch geriebener Parmesan

Das Wasser mit Knoblauch, Salbei und Thymian zum Kochen bringen und bei schwacher Hitze 20 Minuten im offenen Topf köcheln lassen. Mit Salz und Pfeffer abschmecken. Den Topf von der Kochstelle nehmen, die Eigelbe vorsichtig einrühren und die Suppe unter Rühren legieren. Das Öl zugießen und vermengen. Die Suppe in 4 Schalen verteilen und mit Parmesan bestreuen. Heiß servieren.

RECHTS: *Pilzsuppe*

350 g frischer Spinat oder
tiefgefrorener Blattspinat

1 mittelgroße Zwiebel, gehackt

3 Frühlingszwiebeln, fein gehackt

2 EL Sonnenblumen- oder anderes
Pflanzenöl

100 g Langkornreis

3/4 l Wasser

1/4 TL Kurkuma (nach Belieben)

Salz und frisch gemahlener
weißer Pfeffer

1/2 l Joghurt

1 Knoblauchzehe, zerdrückt

SPINAT-JOGHURT-SUPPE

*Im östlichen Mittelmeerraum werden verschiedene
Suppen mit Joghurt zubereitet. Diese pikante Version ist
besonders zu empfehlen.*

FÜR 4 PERSONEN

Den Spinat waschen und nur die harten Stiele entfernen, abtropfen lassen und in Streifen schneiden. Tiefgefrorenen Spinat auftauen und abtropfen lassen.

Die Zwiebel mit den Frühlingszwiebeln in einem großen Topf in dem Öl glasig anschwitzen.

Den Reis mitschwitzen, bis er gleichmäßig vom Öl überzogen ist. Das Wasser zugießen. Mit Kurkuma, falls verwendet, sowie mit Salz und Pfeffer würzen und 15 Minuten köcheln lassen.

Den Spinat 5 Minuten mitkochen, bis er weich und der Reis richtig gar ist – er darf allerdings nicht zu weich werden.

Den Joghurt mit dem Knoblauch verrühren und unter die Suppe ziehen. Noch einmal durchwärmen, aber nicht kochen lassen, da sonst der Joghurt gerinnt. Sofort servieren.

1 mittelgroße Zwiebel, gehackt

1 kleine Möhre, fein gehackt

1 Bund Sellerieblätter, gehackt

4 EL Sonnenblumen- oder anderes Pflanzenöl

200 g geschälte rote Linsen

1 l Gemüsebrühe (nach Belieben mit 1 Brühwürfel zubereitet)

Salz und frisch gemahlener Pfeffer

3/4–1 TL Kreuzkümmel

Saft von 1/2 Zitrone

1 große Zwiebel, längs halbiert und dann in Scheiben geschnitten

VARIATION

4 gehackte Knoblauchzehen mit 1 TL gemahlenem Koriander und 2 TL zerriebener getrockneter Minze in 2 EL Olivenöl braten und vor dem Servieren in die Suppe rühren. Nach Belieben zusätzlich mit 1 Prise Cayennepfeffer würzen.

ROTE LINSENSUPPE

Rote Linsen sind typisch für die orientalische Regionalküche. Diese Suppe wird im Vorderen Orient immer wieder anders zubereitet. Die hier vorgestellte Version schmeckt eher feinwürzig, während die unten beschriebene Variation pikanter ausfällt.

FÜR 4 PERSONEN

Die gehackte Zwiebel, die Möhre und die Sellerieblätter in einem großen Topf in 2 Esslöffel Öl weich dünsten.

Die Linsen, die Brühe, Salz und Pfeffer dazugeben und 30–45 Minuten köcheln lassen, bis die Linsen zerfallen. Die Suppe nach Bedarf mit Wasser verdünnen. Zuletzt den Kreuzkümmel und den Zitronensaft einrühren.

Gleichzeitig die Zwiebelscheiben im restlichen Öl bei mittlerer bis starker Hitze unter häufigem Rühren rösten, bis sie dunkelbraun und kross sind – sie sollen fast karamellisiert sein.

Die Suppe heiß servieren und jede Portion mit einem Teil der Zwiebeln garnieren.

125 g Rollgerste (Perlgraupen)

1 ¹/₂ l Wasser (nach Bedarf
auch mehr)

1 mittelgroße Zwiebel, geviertelt

1 mittelgroße Möhre, in dicke
Scheiben geschnitten

1 Stange Bleichsellerie, in dicke
Scheiben geschnitten

2 Knoblauchzehen, geschält

Salz und frisch gemahlener Pfeffer

400 g weiße Perl- oder Cannellinibohnen aus der Dose, abgespült
und abgetropft

2 Zitronen, geviertelt

Natives Olivenöl extra

PÜREESUPPE VON WEISSEN BOHNEN UND GERSTE

*Diese köstlich cremige und nahrhafte Suppe
stammt aus Italien.*

FÜR 6 PERSONEN

Die Rollgerste mit 1 l Wasser in einen Topf füllen, aufkochen und abschäumen.

Zwiebel, Möhre, Sellerie und Knoblauch zufügen und
1 Stunde köcheln lassen, bis die Rollgerste ganz weich ist.
Nach Bedarf weiteres Wasser zugießen. Die Suppe mit Salz
und Pfeffer abschmecken.

Portionsweise zusammen mit den abgetropften Bohnen
und weiterem Wasser im Mixer pürieren. Das Gerät so
lange laufen lassen, bis eine cremige Suppe entstanden ist.
Je nach gewünschter Konsistenz noch Wasser zufügen. Zurück in den Topf gießen und noch einmal kräftig erhitzen.

Heiß servieren. Dazu Zitronenviertel und eine Flasche
Olivenöl bereitstellen, aus der sich die Gäste nach Geschmack etwas auf die Suppe träufeln.

250 g Kichererbsen, mindestens
1 Stunde oder über Nacht in
Wasser eingeweicht

3 l Wasser

1 große Zwiebel, grob gehackt

400 g gehackte Tomaten aus der
Dose

3 Stangen Bleichsellerie mit Grün,
in Scheiben geschnitten

2 EL Tomatenmark

Frisch gemahlener Pfeffer

200 g große braune oder grüne
Linsen, 1 Stunde in Wasser
eingeweicht und abgetropft

$^1/_2$–$^3/_4$ TL gemahlener Ingwer

1 TL Zimtpulver

Salz

Saft von $^1/_2$ Zitrone

500 g (etwa 4) Zucchini, in
Scheiben geschnitten

100 g Vermicelli (sehr dünne
Spaghetti), in kurze Stücke
gebrochen

1 großes Bund glattblättrige
Petersilie, grob gehackt

1 großes Bund Koriandergrün,
grob gehackt

KICHERERBSEN-LINSEN-SUPPE

In Marokko heißt diese üppige Wintersuppe harira.
Auch aufgewärmt schmeckt sie vorzüglich. Kichererbsen vom
»Kabulytyp« gedeihen im Mittelmeerraum.
Ihre großen, rundlichen Kerne sind in den Anbauländern
ein wichtiges Grundnahrungsmittel.

FÜR 8–10 PERSONEN

Die Kichererbsen abgießen. Mit dem Wasser, der Zwiebel, den Tomaten, dem Sellerie, Tomatenmark und Pfeffer in einen großen Topf füllen, aufkochen und zugedeckt 1 Stunde köcheln lassen, bis die Kichererbsen ganz weich sind.

Die Linsen mit dem Ingwer und dem Zimt weitere 20 Minuten mitgaren, bis sie weich sind. Die Suppe mit Salz abschmecken.

Den Zitronensaft, die Zucchini und die Nudeln sowie nach Bedarf weiteres Wasser zufügen und noch 10 Minuten kochen. Kurz vor dem Servieren die Petersilie und das Koriandergrün einrühren.

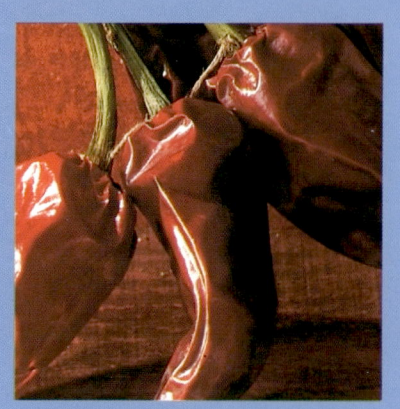

KLEINE GEMÜSESTRUDEL UND GEMÜSEKUCHEN

Pasteten und Tartes bereichern jedes Buffet, bieten sich aber ebenso als Hauptgericht für ein gepflegtes Abendessen in der Familie an. In den östlichen Mittelmeerländern werden sie mit Filoteig zubereitet und mit Käse oder Spinat gefüllt, seltener mit gehackten Auberginen oder Kürbismus. Exquisit belegte Gemüsetartes weiß man im westlichen Mittelmeerraum zu bereiten, vor allem im Süden Frankreichs.

Füllung nach Wahl (Rezepte
Seite 63–65)

4 Blätter Filoteig

3 EL zerlassene Butter oder
Pflanzenöl

1 Eigelb, mit 1 TL Wasser verrührt

2–4 EL Sesamsamen zum
Bestreuen (nach Belieben)

TIPP

Bisweilen erweist sich die
Verarbeitung tiefgefrorener
Filoblätter als problematisch:
Sie kleben zusammen und
reißen, wenn man versucht, sie
voneinander zu lösen. Manche
Marken sind jedoch gleich-
bleibend gut. Wenn Sie eine
solche finden, bleiben Sie ihr
treu. Griechische und arabische Lebensmittelgeschäfte
verkaufen manchmal auch
frische Teigblätter. Tiefkühl-
produkte vor der Verwendung
3 Stunden auftauen lassen.

VARIATION

Für Teigtaschen die Filoteig-
blätter 25 × 25 cm groß
zuschneiden. Je 3 mit Fett bestrichen aufeinanderlegen,
2 EL Füllung in die Mitte
setzen, die obere Ecke darüber
schlagen, anschließend die seit-
lichen Ecken und schließlich
die untere. Mit Eigelb bestreichen und backen.

GEMÜSESTRUDEL

*Mit einem Salat als Beilage ergibt eine solche knusprige Köst-
lichkeit eine vollständige Mahlzeit. In den Ländern, die einst dem
Osmanischen Reich angehörten, kennt man Dutzende traditioneller Filoteigzubereitungen mit immer wieder anderen Formen,
Größen und Füllungen. Zu den besonders unkomplizierten Versio-
nen gehört der Strudel, der erst bei Tisch aufgeschnitten wird.*

ERGIBT 2 STRUDEL FÜR 4 PERSONEN

Den Ofen auf 180 °C vorheizen.

Eine Füllung nach Wahl zubereiten. Die weitere Verarbeitung muss zügig geschehen, da der Teig schnell auf-
weicht und die langen, dünnen Rollen dann nicht mehr zu
handhaben sind.

Ein Teigblatt auf die Arbeitsfläche legen und leicht mit
Butter oder Öl bestreichen. Ein weiteres Blatt auflegen und
ebenfalls mit Fett einpinseln.

Die Hälfte der Füllung – 2,5 cm Abstand von einer Längskante und 4 cm Abstand zu den schmalen Teigrändern – in
einer dicken Linie auf dem Teig verteilen. Die Längskante
über die Füllung schlagen und das Ganze vorsichtig auf-
rollen. Dabei die schmalen Kanten nach innen umlegen,
damit die Füllung nicht herausquellen kann. Wenn Sie die
Teigrollen auf einem Küchentuch vorbereiten, lassen sie
sich anschließend einfacher auf das Backblech heben.

Den Strudel mit dem Eigelb bestreichen und nach Belieben mit Sesamsamen bestreuen. Aus den übrigen Teig-
blättern und der restlichen Füllung den zweiten Strudel
herstellen.

In 45 Minuten knusprig goldbraun backen.

500 g frischer Spinat oder tiefgefrorener Blattspinat

100 g körniger Frischkäse

100 g Feta, fein zerkrümelt

2 Eier, leicht verquirlt

Salz (nach Bedarf) und frisch gemahlener Pfeffer

1 kräftige Prise Muskatnuss

SPINATFÜLLUNG

Die Kombination von Spinat und Schafkäse ist ganz typisch für die Mittelmeerküche.

FÜR 2 STRUDEL ODER 4 PERSONEN

Frischen Spinat waschen und abtropfen lassen, nur die harten Stiele entfernen.

In einem großen, geschlossenen Topf bei schwacher Hitze wenige Minuten dämpfen, bis die Blätter zusammenfallen. Abgießen und möglichst kräftig ausdrücken. Tiefgefrorenen Spinat einfach auftauen und ebenfalls gut ausdrücken – ansonsten wird der Teig weich und reißt.

Den Spinat mit den restlichen Zutaten vermischen. Beim Salzen den Salzgehalt des Feta berücksichtigen.

500 g Champignons, in Scheiben geschnitten

3 Knoblauchzehen, zerdrückt

4 EL Pflanzenöl oder mildes natives Olivenöl extra

Salz und frisch gemahlener Pfeffer

4 EL gehackte glattblättrige Petersilie

125 g Ricotta

PILZFÜLLUNG

Diese Füllung wird in Italien für Cannelloni verwendet, doch eignet sie sich auch vorzüglich für Filoteigstrudel.

FÜR 2 STRUDEL ODER 4 PERSONEN

Die Pilze mit dem Knoblauch rasch in dem Öl anschwitzen, bis sie weich sind. Salzen und pfeffern und den ausgetretenen Saft bei starker Hitze fast völlig verdampfen lassen.

Die Petersilie untermischen. Die abgekühlten Pilze mit der Ricotta vermengen.

125 g Gruyère

125 g Pecorino Romano

125 g Fontina

125 g körniger Frischkäse

2 große Eier, leicht verquirlt

Frisch gemahlener Pfeffer

VARIATIONEN

Die Füllung zusätzlich mit
3 EL fein gehacktem Dill oder
Minze und 1/2 TL Muskatnuss
würzen.

Gut schmeckt auch eine
Kombination aus körnigem
Frischkäse und Feta, zusätz-
lich eventuell Gruyère.

KÄSEFÜLLUNG

*Mit dieser milden Käsekomposition gefüllt, können
die Strudel als Hauptgericht, aber auch als kleiner Imbiss
am Nachmittag gereicht werden.*

FÜR 2 STRUDEL ODER 4 PERSONEN

Die drei Käsesorten frisch reiben oder raffeln.

Alle Zutaten in den Mixer füllen und zu einer glatten
Masse verarbeiten. Den Pfeffer nach Geschmack zufügen.
Salz wird kaum nötig sein, da der Käse ausreichend ge-
salzen ist.

750 g Auberginen

125 g Gruyère, gerieben

Frisch gemahlener weißer Pfeffer

1/2 TL Muskatnuss (nach Belieben)

2 Eier, leicht verquirlt

AUBERGINENFÜLLUNG

FÜR 2 STRUDEL ODER 4 PERSONEN

Die Auberginen mehrmals mit einem Messer einstechen.
Im vorgeheizten Ofen bei 250 °C 30 Minuten rösten, dabei
einmal wenden. Alternativ 15–20 Minuten unter den Ofengrill schieben und immer wieder drehen, bis sie sich weich
anfühlen und die Haut schwarz angelaufen ist.

In einem Sieb enthäuten und hacken, dabei den Saft abtropfen lassen. Die Auberginen – noch immer im Sieb – mit
einer Gabel zerdrücken. Das gut abgetropfte Mus mit den
übrigen Zutaten vermischen.

1 kg orangefleischiger Kürbis, in Stücke geteilt

$^1/_8$ l Wasser

100 g frisch geriebener Parmesan

2 TL Zucker

Salz nach Geschmack

2 große Eier, leicht verquirlt

KÜRBISFÜLLUNG

*Orangefleischigen Kürbis gibt es beinahe ganzjährig
in türkischen und arabischen Lebensmittelgeschäften zu kaufen.
Oft ist er in Scheiben beziehungsweise Segmente zerteilt,
die bereits von den Samen und Fasern befreit sind.*

FÜR 2 STRUDEL ODER 4 PERSONEN

Den Kürbis in dem Wasser im geschlossenen Topf 15–20 Minuten dünsten, bis er sehr weich ist. Abgießen und das Kürbisfleisch im Topf mit einem Kartoffelstampfer oder einer Gabel zerdrücken.

Das Mus bei schwacher Hitze unter ständigem Rühren mit einem Holzlöffel erhitzen, bis alle Flüssigkeit verdampft und das Mus nahezu trocken ist.

Mit den übrigen Zutaten vermischen. Beim Salzen den Salzgehalt des Parmesan berücksichtigen.

150 g Feta

150 g körniger Frischkäse

3 große Eier

3 EL gehackte glattblättrige
Petersilie

5 Blätter Filoteig

30 g Butter, zerlassen, zum
Bestreichen und für die Form

300 ml Milch

KÄSEPASTETE

Bei dieser Version des türkischen sutlu borek *wird der Filoteig mit einer Eiermilch übergossen und erhält beim Backen eine Konsistenz wie genauso dünn ausgerollte Pastablätter. Mit einem Salat als Beilage ein einfaches, aber hervorragendes Gericht.*

FÜR 4 PERSONEN

Den Ofen auf 180 °C vorheizen.

Für die Füllung den Feta mit einer Gabel zerdrücken. Mit dem Frischkäse, 1 Ei und der Petersilie vermischen.

Die Teigblätter auseinander falten, aber noch nicht voneinander trennen. Das oberste Blatt dünn mit Butter bestreichen. Mit dieser Seite nach oben so in eine gefettete runde Backform von 30 cm Durchmesser legen und falten, dass auch der Rand der Form bedeckt ist. Das zweite Blatt über das erste in die Form legen und ebenfalls dünn mit Butter bestreichen.

Die Füllung gleichmäßig auf dem Teig verteilen. Die restlichen Teigblätter einzeln darüber legen, dabei jeweils mit Butter bestreichen und passend zurechtfalten. Das oberste Blatt soll einen glatten Abschluss bilden.

Die Pastete 15 Minuten backen, bis die Oberfläche leicht gebräunt ist.

Die restlichen 2 Eier mit der Milch verquirlen – Salz ist nicht erforderlich, da der Feta bereits sehr salzig ist – und über die Pastete gießen. Weitere 30 Minuten backen, bis die Eiermilch gestockt ist und eine goldgelbe Farbe angenommen hat.

Aufschneiden und heiß servieren.

125 g kalte Butter

250 g Mehl

$^{1}/_{4}$ TL Salz

1 Ei, leicht verquirlt

1–2 EL Milch (bei Bedarf)

Butter für die Form

1 Eiweiß zum Bestreichen
(nach Belieben)

SALZIGER MÜRBETEIG

*Dieser klassische Mürbeteig, der in der Fachsprache
als geriebener Teig bezeichnet wird, passt zu den verschiedensten
pikanten Füllungen.*

FÜR EINE FORM VON 28 CM DURCHMESSER ODER 6 PERSONEN

Den Ofen auf 180 °C vorheizen.

Die Butter in kleine Stücke schneiden und mit dem Mehl und Salz mit den Fingern krümelig verreiben. Das Ei rasch, aber gründlich einarbeiten, bis ein geschmeidiger Teig entstanden ist. Bei Bedarf etwas Milch hinzufügen. Den Teig zu einer Kugel formen, in Klarsichtfolie einschlagen und 1 Stunde kalt stellen.

Eine Pieform, ersatzweise eine Springform von 28 cm Durchmesser einfetten und den Boden und den Rand der Form gleichmäßig dick mit dem Teig auskleiden. Dies geschieht am einfachsten mit den Handflächen, weil sich der geschmeidige Teig mit dem Rollholz nicht so leicht bearbeiten lässt.

Den Teigboden mehrmals mit einer Gabel einstechen und mit Eiweiß bestreichen. 10–15 Minuten blindbacken, aus dem Ofen nehmen und abkühlen lassen. Eine Füllung nach Wahl in die Teighülle geben und, je nach Füllung, in 30 Minuten oder auch länger fertig backen.

*Salziger Mürbeteig (Rezept
Seite 67)*

1 Eiweiß zum Bestreichen

*1 große oder 2 kleine Knollen
Fenchel, geviertelt und in Scheiben
geschnitten*

Salz

2 große Eier, leicht verquirlt

$^1/_8$ l Sahne

$^1/_8$ l Milch

*100 g Gruyère, Emmentaler oder
Fontina, gerieben*

Frisch gemahlener Pfeffer

1 Prise Muskatnuss

VARIATION

Anstelle des Fenchels 6–8 Stangen Bleichsellerie verwenden.

KÄSE-FENCHEL-TARTE

*Der Käse verbindet sich mit dem feinen Fenchelaroma
zu einer köstlichen Füllung.*

FÜR 6–8 PERSONEN

Den Ofen auf 200 °C vorheizen.

Den Teig zubereiten und die Form damit auskleiden. Boden und Rand mit Eiweiß bestreichen und mehrmals mit einer Gabel einstechen. 10 Minuten blindbacken, danach abkühlen lassen.

Die Fenchelscheiben in Salzwasser weich kochen und in ein Sieb abgießen.

Die Eier mit der Sahne und der Milch verquirlen. Den Käse, Pfeffer und nur etwas Salz – der Käse enthält bereits Salz – sowie Muskatnuss einrühren.

Den abgetropften Fenchel auf dem Teigboden verteilen und mit der Ei-Käse-Mischung überziehen.

Die Tarte in 30 Minuten fertig backen und heiß servieren.

Salziger Mürbeteig (Rezept Seite 67)

1 Eiweiß zum Bestreichen

500 g Shiitake

4 EL natives Olivenöl extra

1/8 l trockener, fruchtiger Weißwein

Salz und frisch gemahlener Pfeffer

4 Eier, leicht verquirlt

200 ml Sahne

1 Prise Muskatnuss

PILZTARTE

Bei diesem Rezept erhalten die Pilze ein delikates Weinaroma. Ich fülle die Tarte mit Shiitake, doch können Sie nach Belieben auch Wildpilze wie Morcheln oder Steinpilze verwenden.

FÜR 6 PERSONEN

Den Ofen auf 180 °C vorheizen.

Den Mürbeteig zubereiten und etwa 1 Stunde kalt stellen. Ausrollen und eine Pie- oder Springform von 30 cm Durchmesser damit auskleiden. Mit der Gabel einstechen, mit Eiweiß bestreichen und 15 Minuten blindbacken. Abkühlen lassen.

Inzwischen die Füllung vorbereiten: Die Pilze trocken abreiben – nach Bedarf die Stielenden abschneiden – und größere Exemplare halbieren. Das Öl in einer großen Pfanne erhitzen und die Pilze bei mittlerer Hitze unter ständigem Rühren 2 Minuten anschwitzen. Mit dem Wein ablöschen, salzen und pfeffern. Die Pilze in etwa 10 Minuten gar dünsten, dabei vorsichtig durchmischen.

Die Eier mit der Sahne und dem durchgeseihten Pilzfond – etwa 200 ml – verquirlen, mit Salz, Pfeffer und einem Hauch Muskatnuss abschmecken. Die Pilze mit den Hüten nach oben auf den ausgekühlten Teigboden legen und mit der Eimischung übergießen. Die Tarte in 45 Minuten fertig backen.

Heiß servieren.

250 g tiefgefrorener Blätterteig, aufgetaut

1 Eiweiß zum Bestreichen

1 große Zwiebel, fein gehackt

4 EL natives Olivenöl extra

2 Knoblauchzehen, fein gehackt

Salz und frisch gemahlener Pfeffer

5 reife, aber feste Eiertomaten, in 1/2 cm dicke Scheiben geschnitten

1/2–1 TL Zucker

12 Basilikumblätter, in Streifen geschnitten

VARIATION

Gut gelingt die Tarte auch mit 500 g Kirschtomaten, halbiert und mit der Schnittfläche nach oben ausgelegt.

TOMATENTARTE

Die herzhafte und äußerst attraktive Tarte lässt sich ohne großen Aufwand zubereiten.

FÜR 4 PERSONEN

Den Ofen auf 230 °C vorheizen.

Den Blätterteig zu einem Kreis ausrollen, passend für eine 30 cm große Tortenbodenform. (Achtung: Blätterteig schrumpft beim Backen stark zusammen, selbst wenn er über den Rand der Form hängt.) Die Form mit dem Teig auskleiden und 30 Minuten in den Kühlschrank stellen.

Den Teig mit der Hälfte des Eiweißes bestreichen – so weicht er später beim Füllen nicht durch – und den Boden gleichmäßig mit einer Gabel einstechen, damit er schön aufgeht. 10 Minuten blindbacken, bis er aufgegangen und goldgelb ist. Aus der Form stürzen, die andere Seite mit dem restlichen Eiweiß bestreichen und nochmals 8 Minuten backen, bis der Teig auch von unten gebräunt und knusprig ist. Abkühlen lassen.

Die Zwiebel in 2 Esslöffel Öl glasig anschwitzen. Den Knoblauch unter häufigem Rühren mitschwitzen. Vom Herd nehmen und abkühlen lassen. Die Zwiebel-Knoblauch-Mischung auf dem Teigboden verteilen, leicht salzen und pfeffern.

Die Tomatenscheiben in Kreisen und leicht überlappend auflegen. Mit dem restlichen Öl bestreichen, leicht salzen und pfeffern und mit etwas Zucker bestreuen.

Die Tarte 15–20 Minuten backen. Mit dem Basilikum bestreuen und servieren.

PASTA

Der Streit, ob die Nudel in Italien oder in Ostasien »erfunden« wurde, wird wohl nie entschieden werden. Aber eines steht fest: Schon lange vor den Italienern bauten die Araber Hartweizen an, bereiteten daraus mit Wasser einen Teig zu, den sie ausrollten und in der Sonne zu Fladen trockneten oder auch kochten. Manchmal schnitten sie den Teig in Streifen, wickelten diese um Stöckchen, trockneten und kochten diese Vorläufer der Pasta. In Italien war sie bis vor hundertfünfzig Jahren eine bolognesische Domäne. Inzwischen aber haben die Pastagerichte Süditaliens und Siziliens mit Gemüse oder Meeresfrüchten ihnen den Rang abgelaufen.

500 g gemischte Wildpilze oder
Shiitake

1 mittelgroße Zwiebel, gehackt

3 EL natives Olivenöl extra

1 Knoblauchzehe, fein gehackt

Saft von 1/2 Zitrone

150 ml trockener Weißwein

Einige Majoranzweige, die
Blättchen gehackt

Salz und frisch gemahlener Pfeffer

1/4 l Sahne

400 g Tagliatelle oder Taglierini

TAGLIATELLE MIT PILZEN

*Mit Wildpilzen schmeckt dieses Gericht königlich, allerdings
sind sie teuer und Shiitake eine gute Alternative.*

FÜR 4 PERSONEN

Die Pilze trocken abreiben und putzen. Besonders große
Exemplare in 2,5 cm große Stücke schneiden.

Die Zwiebel in dem Öl bei mittlerer Hitze anschwitzen.
Die Pilze mit dem Knoblauch darin dünsten, bis der austretende Saft weitgehend verdampft ist. Zitronensaft, Weißwein, Majoran, Salz und Pfeffer zufügen und noch 2 Minuten köcheln. Die Sahne einrühren und einkochen lassen.

Die Pasta in sprudelnd kochendem Salzwasser *al dente*
kochen und abseihen. Mit der Sauce übergießen und
sogleich servieren.

1 mittelgroße Zwiebel, gehackt

4 EL Olivenöl

1/2 kleiner Romanasalat,
in Streifen geschnitten

1/8 l Gemüsebrühe oder Weißwein

Je 500 g frisch gepalte oder
tiefgefrorene Erbsen und dicke
Bohnen, aufgetaut

2 TL zerriebene getrocknete Minze

Salz und frisch gemahlener Pfeffer

4 tiefgefrorene Artischockenherzen
oder -böden, geviertelt

400 g Pasta

Frisch geriebener Parmesan

PASTA MIT ERBSEN, DICKEN BOHNEN
UND ARTISCHOCKEN

FÜR 4 PERSONEN

Die Zwiebel in 2 Esslöffel Öl glasig schwitzen. Den Salat
darin dünsten, bis er zusammenfällt. Brühe oder Wein,
Erbsen, Bohnen und die Minze dazugeben, salzen und
pfeffern und einige Minuten köcheln lassen, bis das Gemüse
so eben gar ist. Die Artischocken kurz mit aufwärmen.

Die Pasta in sprudelnd kochendem Salzwasser *al dente*
kochen, abseihen und mit dem restlichen Öl vermischen.
Mit der Sauce übergießen, den Parmesan dazu reichen.

1 große Aubergine, in 2 cm große Würfel geschnitten

Salz

Je 2 gelbe und rote Paprikaschoten

Olivenöl

3 Knoblauchzehen, geschält und gehackt

500 g Tomaten (etwa 6 mittelgroße), enthäutet und grob gehackt

Frisch gemahlener Pfeffer

1 1/2 TL Zucker

400 g Spaghetti

8 schwarze Oliven, entsteint und gehackt

1 EL Kapern in Essig, abgetropft

3 EL in Streifen geschnittene oder zerpflückte Basilikumblätter

Frisch geriebener Pecorino Romano oder Parmesan (nach Belieben)

SPAGHETTI MIT PAPRIKA UND AUBERGINEN

In ihrer sizilianischen Heimat heißt diese Pastaversion Vesuvio, *denn ihre Farben erinnern an die glühende Lava eines Vulkans. (Foto Seite 107)*

FÜR 4 PERSONEN

Die Auberginenwürfel salzen und 1 Stunde Saft ziehen lassen. Abspülen und mit Küchenpapier trockentupfen.

Die Paprikaschoten rösten (Seite 216). Sobald sie ausreichend abgekühlt sind, enthäuten, Samen und Scheidewände entfernen und die Schoten in Streifen schneiden.

Die Auberginenwürfel in heißem Öl rasch braten, bis sie gar und leicht gebräunt sind, dabei einmal wenden. Auf Küchenpapier abtropfen lassen.

In einem großen Topf den Knoblauch in 2 Esslöffel Öl hellgelb andünsten. Die Tomaten zufügen, mit Salz, Pfeffer und Zucker würzen und 15 Minuten dünsten.

Die Spaghetti in reichlich sprudelnd kochendem Salzwasser *al dente* kochen und abseihen.

Kurz vor dem Servieren Oliven, Kapern, Auberginenwürfel, Paprikastreifen und Basilikum in die Tomatensauce mischen. Alles zusammen nochmals erwärmen und über die Spaghetti verteilen.

Dazu Pecorino oder Parmesan reichen.

500 g frischer oder tiefgefrorener Blattspinat, aufgetaut

2 Knoblauchzehen, gehackt oder zerdrückt

2 EL Sonnenblumenöl

Salz und frisch gemahlener Pfeffer

175 ml Sahne

3–4 EL Pinienkerne, nach Belieben geröstet

400 g grüne Linguine

50 g Butter, in Stücke geschnitten

Frisch geriebener Parmesan oder Pecorino Romano

GRÜNE LINGUINE MIT SPINAT UND PINIENKERNEN

Dies ist ein typisches Pastagericht der ländlichen Regionen Italiens – nicht speziell kreiert, sondern aus den dort wachsenden Zutaten entstanden. Ein Hochgenuss und Augenschmaus zugleich.

FÜR 4 PERSONEN

Frischen Spinat waschen und abtropfen lassen, nur harte Stiele entfernen. Tiefgefrorenen Spinat auftauen.

Den Knoblauch in einem sehr großen Topf bei mittlerer Hitze in dem Öl goldgelb anschwitzen. Frischen Spinat darin im geschlossenen Topf dämpfen, das an den Blättern haftende Wasser genügt als Feuchtigkeit. Gelegentlich rühren. Sobald er nach wenigen Minuten zusammenfällt, vom Herd nehmen. (Gefrorener Spinat wird ebenfalls in wenigen Minuten gedämpft.)

Salzen und pfeffern, die Sahne und die Pinienkerne einrühren. Wenn Sie die Pinienkerne vorher in der trockenen Pfanne rösten, entwickeln sie ihr Aroma besonders intensiv.

Die Linguine in reichlich sprudelnd kochendem Salzwasser *al dente* kochen und abseihen. Mit der Butter vermischen und die Spinatsauce darauf verteilen.

Sofort servieren, dazu den Parmesan oder den Pecorino reichen.

750 g Kirschtomaten, halbiert

Salz

3–4 Knoblauchzehen, gehackt

1–1 1/2 kleine, scharfe rote
Chilischoten, Samen und
Scheidewände entfernt und gehackt
(nach Belieben)

1/8 l natives Olivenöl extra

4 sonnengetrocknete Tomaten,
in feine Streifen geschnitten
(nach Belieben)

1 großes Bund gemischte frische
Kräuter wie Basilikum, Majoran,
Oregano, Minze, Kerbel,
Schnittlauch und Estragon, gehackt

400 g Spaghetti oder andere Pasta

Frisch geriebener Pecorino
Romano oder Parmesan

SPAGHETTI MIT KRÄUTERN
UND GEGRILLTEN KIRSCHTOMATEN

*Tomaten zählen in der Pastaküche zu den unverzichtbaren
Zutaten. Frische Tomaten sollen vollreif und süß
sein. Sonnengetrocknete Tomaten bringen ein besonders feines,
konzentriertes Aroma mit. Sie sind in Delikatess- oder
italienischen Fachgeschäften erhältlich.*

FÜR 4 PERSONEN

Die Tomaten mit der Schnittseite nach oben grillen, bis sie
etwas weich werden. Ganz leicht salzen.

Für die Sauce den Knoblauch mit den Chilischoten in
2 Esslöffel Öl anschwitzen, bis ein würziger Duft aufsteigt.
Vom Herd nehmen. Das restliche Öl, eventuell die sonnen-
getrockneten Tomaten sowie die Kräuter zufügen und alles
vermischen.

Die Pasta in sprudelnd kochendem Salzwasser *al dente*
kochen und abseihen. Mit der Sauce vermischen und die
Kirschtomaten darauf anrichten.

Dazu den Pecorino oder Parmesan reichen.

Bulgur, Reis und Couscous

Weizen gehört neben Oliven und Wein zu der berühmten

Triade, der die Griechen und Römer in der gesamten

abendländischen Welt zu Verbreitung verhalfen. Bis auf

den heutigen Tag wird er in Form von Pasta, in Nord-

afrika als Couscous und im östlichen Mittelmeerraum als

Bulgur (geschroteter Weizen) gegessen – allerdings vor-

nehmlich auf dem Land. In den Städten ist dagegen der

Reis, der von den Arabern eingeführt wurde, das Haupt-

nahrungsmittel.

350 g Auberginen, in 3 cm große
Würfel geschnitten

Salz

1 1/2 große Zwiebeln, in Scheiben
geschnitten

Sonnenblumen- oder mildes
anderes Pflanzenöl

350 g Bulgur, möglichst grob
geschrotet

800 ml kochendes Wasser oder
Gemüsebrühe (nach Belieben mit
Brühwürfeln zubereitet)

Frisch gemahlener Pfeffer

200–250 g haloumi, gewürfelt

BULGUR MIT KÄSE UND AUBERGINEN

*Diese syrische Spezialität kombiniert Bulgur mit
Auberginen und* haloumi, *einem weichen, salzigen Lakekäse.
Servieren Sie sie als Hauptgericht.*

FÜR 4–6 PERSONEN

Die Auberginen reichlich salzen und 1 Stunde in einem
Durchschlag Saft ziehen lassen. Abspülen und mit Küchenpapier trockentupfen.

Die Zwiebeln in 2 Esslöffel Öl bei mittlerer Hitze goldgelb anschwitzen. Den Bulgur mit dem kochenden Wasser
oder der Brühe zugeben, salzen und pfeffern. Gründlich
umrühren und zugedeckt bei ganz schwacher Hitze etwa
15 Minuten garen – der Bulgur soll die Flüssigkeit ganz
aufgenommen haben und weich sein.

Die Auberginenwürfel kurz in heißem Öl braten, bis sie
weich und ringsum leicht gebräunt sind. Auf Küchenpapier
abtropfen lassen.

Den Bulgur mit 5 Esslöffel Öl vermischen. Den Käse und
die Auberginen vorsichtig untermengen. Das Ganze zugedeckt erwärmen, bis der Käse schmilzt.

Sofort servieren.

1 mittelgroße Zwiebel, gehackt

5 EL Sonnenblumen- oder anderes Pflanzenöl

250 g Bulgur, möglichst grob geschrotet

4 mittelgroße Tomaten, enthäutet und gehackt

$^1/_2$ l Gemüsebrühe

Salz und frisch gemahlener Pfeffer

2 EL gehackte frische Minze

BULGURPILAW MIT TOMATEN

Grob geschroteten Bulgur gibt es in Spezialitäten-geschäften zu kaufen. Diese Zubereitung schmeckt vorzüglich als Beilage zu Fisch oder gemischten Gemüse-gerichten, Gratins, Flans, Eierspeisen und im Ofen gebackenen Käsegerichten.

FÜR 4 PERSONEN

Die Zwiebel in 2 Esslöffel Öl bei mittlerer Hitze anschwitzen und weich dünsten.

Bulgur, Tomaten und Brühe, Salz, Pfeffer und Minze zufügen. Gründlich umrühren und zugedeckt etwa 15 Minuten bei schwacher Hitze garen. Die Flüssigkeit soll ganz aufgenommen werden, und an der Oberfläche müssen sich zum Schluss Vertiefungen zeigen.

Das restliche Öl einrühren. Den Pilaw auf dem abgeschalteten Herd zugedeckt noch 20 Minuten ruhen lassen. Heiß servieren.

1/2 l Gemüsebrühe

5 EL Sonnenblumen- oder anderes Pflanzenöl

250 g Bulgur, möglichst grob geschrotet

2 EL Rosinen

Salz und frisch gemahlener Pfeffer

3 EL Pinienkerne

BULGURPILAW MIT ROSINEN UND PINIENKERNEN

Auch dieser Pilaw passt gut zu vegetarischen Flans und Gratins, Gerichten mit Eiern und Käse oder gemischtem Gemüse – und nicht zuletzt zu Fisch.

FÜR 4 PERSONEN

Die Brühe mit 4 Esslöffel Öl aufkochen. Bulgur und Rosinen hinzufügen, vorsichtig salzen – die Brühe enthält bereits Salz – und pfeffern.

Gründlich umrühren und zugedeckt bei schwacher Hitze etwa 15 Minuten garen, bis der Bulgur die Flüssigkeit aufgenommen hat und sich an der Oberfläche Vertiefungen bilden. Den Pilaw auf der abgeschalteten Herdplatte zugedeckt noch 20 Minuten ruhen lassen.

Die Pinienkerne in 1 Esslöffel Öl bei mittlerer Hitze goldgelb rösten, dabei mehrfach die Pfanne rütteln. Unter den Pilaw mischen und sogleich servieren.

Anmerkung   Nach vielen Rezepten gerät der Bulgurpilaw zu suppig, weil zu viel Flüssigkeit verwendet wird. 1/2 Liter auf 250 g Bulgur ist gerade die richtige Proportion. Sollte er nach dem Kochen doch noch zu feucht sein, füllen Sie ihn in eine ofenfeste Form und lassen ihn 10 Minuten bei 180 °C im vorgeheizten Ofen trocknen.

1 Knoblauchzehe, fein gehackt

2 EL natives Olivenöl extra

500 g Tomaten (etwa 6 mittelgroße), enthäutet und gehackt

Etwa 175 ml trockener Weißwein

Salz und frisch gemahlener Pfeffer

1–2 TL Zucker (nach Geschmack)

250 g Rundkornreis

TOMATENREIS

Fast jedes Land im Mittelmeerraum kennt ein Rezept für Reis mit Tomaten. Hier eines aus der Provence, das durch Weißwein eine besonders delikate Note erhält. Eine köstliche Beilage zu Gemüseflans und -gratins, Eierspeisen, Soufflés und gemischtem Gemüse. Der Tomatenreis ergibt auch eine herzhafte Vorspeise.

FÜR 4 PERSONEN

In einem großen Topf den Knoblauch im Öl bei mittlerer Hitze hellgelb anschwitzen.

Tomaten, Wein, Salz, Pfeffer und Zucker nach Geschmack zufügen. Alles zusammen 15 Minuten leise köcheln lassen.

Den Reis einrühren und zugedeckt bei sehr schwacher Hitze in etwa 20 Minuten ausquellen lassen. Falls die Mischung zu trocken wird, noch etwas Wein hinzugießen.

Heiß oder kalt servieren.

Anmerkung Rundkornreis wird handelsüblich auch als »Milchreis« bezeichnet. Das Korn ist 4–6 mm lang und etwa 2,5 mm breit. Rundkornreis ist stärkehaltiger als Langkornreis, er kocht daher breiig, weich und klebrig. In Kombination mit Gemüse gekocht, gibt er dem Gericht eine sämige Konsistenz.

500 g frischer Spinat

1 große Zwiebel, gehackt

4 EL mildes Pflanzenöl

300 g Langkornreis

^{1}/2 l Gemüsebrühe oder Wasser

Salz und frisch gemahlener Pfeffer

1 TL Zucker

Saft von ^{1}/2 Zitrone (nach Geschmack)

Dazu 280 ml Naturjoghurt reichen, nach Geschmack mit einer zerdrückten Knoblauch-zehe pikant gewürzt.

REIS MIT SPINAT

In der Türkei bekommt man oft Joghurt zu diesem herzhaften Pilaw. Wie alle Reisbeilagen passt er zu den meisten Gemüsegerichten, Sie können ihn aber gut auch als ersten Gang servieren.

FÜR 4 PERSONEN

Den Spinat waschen und abtropfen lassen, eventuell grob zerkleinern. Nur die harten Stiele entfernen.

Die Zwiebel in dem Öl in einem großen Topf bei mittlerer Hitze weich dünsten.

Den Reis gründlich einrühren. Brühe oder Wasser zugießen, salzen, pfeffern, den Zucker einstreuen. Den Spinat mit dem Zitronensaft dazugeben. Alles gründlich vermischen. Zugedeckt bei sehr schwacher Hitze in etwa 18 Minuten garen, bis der Reis weich ist.

Heiß oder kalt servieren.

Anmerkung Auch tiefgefrorener Spinat, aufgetaut und grob gehackt, eignet sich für diese Zubereitung.

1 große Zwiebel, gehackt

100 ml Sonnenblumenöl

4 EL Pinienkerne

250 g Langkornreis

Salz

$^1/_2$ TL Zimtpulver

$^1/_4$ TL Piment

$^1/_4$ TL gemahlener Kardamom

450 ml kochende Gemüsebrühe
oder Wasser

2–3 EL Korinthen oder Rosinen

VARIATION

Eine kleine Dose Kichererbsen
abtropfen lassen, in Wasser
kochen, wieder abtropfen
lassen und unter den Pilaw
mischen.

REISPILAW MIT ROSINEN UND PINIENKERNEN

*Im Nahen Osten bietet beinahe jedes Restaurant und
Café diesen Pilaw an. Er schmeckt köstlich als Beilage zu vielen
Gemüsegerichten, kann aber auch kalt serviert werden.*

FÜR 4 PERSONEN

Die Zwiebel in etwa der Hälfte des Öls bei mittlerer Hitze weich dünsten. Die Pinienkerne darin unter ständigem Rühren ringsum leicht bräunen.

Den Reis zufügen und rühren, bis die Körner gleichmäßig von Öl überzogen sind. Mit Salz, dem Zimt, dem Piment und dem Kardamom würzen.

Mit der kochend heißen Brühe oder dem Wasser bedecken. Die Korinthen oder Rosinen gründlich einrühren. Zugedeckt 18–20 Minuten quellen lassen, bis der Reis weich ist.

Das restliche Öl einrühren und das Gericht heiß oder kalt servieren.

1 große Zwiebel, gehackt

50 g Butter

1 EL Pflanzenöl

300 g Risottoreis, am besten die Sorte »Arborio«

1/2 l trockener Weißwein

Salz und frisch gemahlener Pfeffer

1/2 l Gemüsebrühe (nach Belieben mit Brühwürfeln zubereitet)

250 g gepalte kleine Erbsen

250 g Spargelspitzen

150 ml Sahne (nach Belieben)

4 EL frisch geriebener Parmesan (nach Belieben)

VARIATION

Dazu eignen sich weitere Gemüsesorten wie Fenchel, Bleichsellerie und Zucchini, in Scheiben geschnitten, oder auch dicke Bohnen.

RISOTTO MIT ERBSEN UND SPARGEL

Dieser frühlingshafte Risotto ist leicht und frisch – vor allem wenn Sie wie ich auf die Sahne und den Käse verzichten. Meine Familie jedoch zieht die üppigere Version vor. Servieren Sie den Risotto als Vorspeise oder als Hauptgericht.

FÜR 4–6 PERSONEN

In einer großen Pfanne oder einem Schmortopf die Zwiebel in der Hälfte der Butter und dem gesamten Öl bei sehr niedriger Temperatur weich dünsten, dabei gelegentlich rühren.

Den Reis einrühren, bis alle Körner glasig und vom Fett überzogen sind. Mit dem Wein ablöschen, salzen, pfeffern, leise köcheln lassen, bis der Reis den gesamten Wein aufgenommen hat.

Nach und nach die kochend heiße Brühe zufügen. Immer erst dann die nächste Menge zugießen, wenn die vorhergehende vollkommen aufgesogen ist. Bei Bedarf noch Wasser dazugeben. Der Risotto soll schön sämig sein, der Reis aber noch ein wenig Biss haben.

Inzwischen die Erbsen und Spargelspitzen in leise sprudelndem Salzwasser so eben gar kochen.

Die restliche Butter und, nach Belieben, die Sahne und den Parmesan unter den Risotto ziehen. Den abgetropften Spargel und die Erbsen darauf anrichten und das Gericht sogleich servieren.

COUSCOUS

Couscous ist das traditionelle Nahrungsmittel der Berber.
Der Name bezeichnet sowohl seine Basis, nämlich den
Hartweizen, als auch die Zubereitungen daraus mitsamt den
jeweiligen Beilagen. In Nordafrika isst man Couscous am
Ende einer festlichen Menüfolge vor der Süßspeise, im familiären
Kreis aber auch als sättigende Mahlzeit. Die Suppen und
Eintöpfe basieren fast immer auf Fleisch oder Huhn, manchmal
auf Fisch (siehe Fischcouscous mit Quitten, Seite 167).
Ein reiner Gemüsetopf wird als Diätkost angesehen.
Tatsächlich aber kann er, mit einer größeren Gemüseauswahl
zubereitet, ganz vorzüglich geraten: schön anzusehen
und ausgesprochen schmackhaft. Nicht zuletzt beruht sein
Reiz auf der Kombination vieler verschiedener Kräuter
und »lieblicher« Gewürze.

GRUNDZUBEREITUNG FÜR COUSCOUS

Bei uns bekommt man vorgegarten Couscous, der nur noch mit etwas Salzwasser und Öl vermischt und erhitzt werden muss. Beim Besuch einer Couscousfabrik in Sfax, Tunesien, erklärte mir der Besitzer, sein Couscous könne im Topf, im Ofen oder auch in der Mikrowelle erhitzt werden.

Ich muss gestehen, dass ich die einfachste Art der Zubereitung vorziehe. Wenn ich die Packungsanleitung befolge, erziele ich damit ausgezeichnete Ergebnisse. Es ist so einfach, dass sich mühelos ein Essen auch für eine große Gesellschaft vorbereiten lässt: Man misst einfach die

LINKS: *Gemüsecouscous (Rezept Seite 96)*

Getreidemenge im Messbecher ab und gibt die gleiche Menge Wasser dazu – oder lieber zunächst etwas weniger.

Für 6–8 Personen 600 ml (etwa 500 g) mittelfeinen Couscous mit 600 ml warmem Wasser und $^1/_2$–1 Teelöffel Salz in einer Schüssel langsam verrühren. Der Couscous soll die Feuchtigkeit gleichmäßig aufnehmen.

Wenn er nach etwa 10–15 Minuten ein wenig klumpig und weich geworden ist, 3–4 Esslöffel Erdnuss- oder mildes Pflanzenöl darüber träufeln. Den Couscous zwischen den Handflächen reiben, um ihn aufzulockern und um alle Klumpen zu zerdrücken. Den Couscous im Einsatz eines Couscoustopfes erhitzen – er ist fertig, sobald der Dampf aus dem unteren Topf durch die Körner nach oben dringt. Eine noch einfachere Methode: Den Couscous mit Alufolie abdecken und für etwa 20 Minuten in den auf 200 °C vorgeheizten Ofen schieben.

Eine große Couscousmenge bereite ich gleich in der weiten Tonschüssel zu, in der ich ihn auch serviere und die die Ofenhitze gut verträgt. Einfacher geht es wirklich nicht!

Eine kleinere Menge für 2–3 Personen kann im Topf erhitzt werden. Ständiges Rühren verhindert dabei das Anbrennen. Vor dem Servieren etwaige Klumpen sorgfältig zerdrücken.

Gegrilltes oder geröstetes Gemüse
(Rezept Seite 102, die angegebene
Menge)

FÜR DAS COUSCOUSBETT

500 g Couscous

900 ml Wasser

1^1/2 Gemüsebrühwürfel

Etwas Salz

1–2 Knoblauchzehen, zerdrückt

^{1}/2–1 TL Zimtpulver

^{1}/4 TL Piment

^{1}/4 TL gemahlener Ingwer

^{1}/4 TL Safran (nach Belieben)

1 kräftige Prise Chilipulver

4 EL gehacktes Koriandergrün

2 EL gehackte glattblättrige
Petersilie

4 EL Sonnenblumen- oder anderes
Pflanzenöl

2 EL Rosinen, 10 Minuten in
Wasser eingeweicht

COUSCOUS MIT GERÖSTETEM GEMÜSE

*Dies ist zwar kein traditionelles nordafrikanisches Gericht,
aber trotzdem sehr zu empfehlen.*

FÜR 6 PERSONEN

Das Gemüse putzen und rösten oder grillen (Seite 102). Kurz vor dem Servieren erneut aufwärmen.

Den Couscous in eine große, ofenfeste Servierschüssel füllen.

Das Wasser in einem großen Topf aufkochen. Die Brühwürfel darin auflösen, vorsichtig salzen – die Brühe ist bereits salzig –, Knoblauch, Zimt, Piment, Ingwer, Safran und Chilipulver einrühren. Die Brühe 8 Minuten köcheln lassen, bis der Knoblauch weich ist. Vom Herd nehmen und die gehackten Kräuter einrühren.

Den Couscous mit 600 ml der heißen Brühe übergießen, den Rest beiseite stellen. Gründlich rühren, sodass die Flüssigkeit gleichmäßig aufgenommen wird. Den Couscous 15 Minuten quellen lassen, bis er weich ist. Mit dem Öl beträufeln und den Couscous zwischen den Handflächen reiben, um ihn aufzulockern und etwaige Klumpen zu beseitigen. Die abgetropften Rosinen untermischen.

Etwa 20 Minuten vor dem Servieren den Couscous, mit Alufolie bedeckt, bei 200 °C im Ofen durchwärmen.

Die restliche Brühe und das Gemüse ebenfalls aufwärmen. Nochmals etwaige Klumpen im Couscous zerdrücken. Mit der heißen Flüssigkeit übergießen, das Gemüse darauf anrichten und servieren.

FÜR DIE BEIGABE

250 g Kichererbsen, mindestens
1 Stunde eingeweicht

Salz

150 g Rosinen

FÜR DEN COUSCOUS

1 kg Couscous

1 $1/4$ l Wasser

1–2 TL Salz

6 EL Erdnuss- oder anderes
Pflanzenöl

ZUM WÜRZEN

Salz und frisch gemahlener Pfeffer

2 TL Zimtpulver

$1/2$ TL Piment

$3/4$ TL gemahlener Ingwer

$1/2$ TL gemahlener Safran

$1/4$ TL Chilipulver

1 großes Bund glattblättrige
Petersilie, gehackt

1 großes Bund Koriandergrün,
gehackt

1 Bund Rucola, grob gehackt

1 Bund Kresse, grob gehackt

FÜR DIE SCHARFE SAUCE

2 TL Harissa (Seite 219),
nach Belieben mehr, oder
2 TL Paprikapulver und
$1/4$–$1/2$ TL oder mehr
Chilipulver

GEMÜSECOUSCOUS

Das folgende Rezept ist für mindestens 10 Personen berechnet, denn auch eine größere Menge macht kaum mehr Arbeit. Aus diesem Grund und weil er im Voraus zubereitet werden kann, ist Gemüsecouscous ein vorzügliches Partygericht. Die Zutatenliste mag entmutigend wirken. Tatsächlich aber geht es im Grunde nur darum, etwas Gemüse zu putzen und in den Topf zu werfen. Wählen Sie aus der langen Aufzählung einige Sorten aus – üblicherweise verwendet man sieben, doch haben Sie bei der Anzahl wie bei den Mengenverhältnissen freie Hand.

FÜR 10–12 PERSONEN

Für die Beigabe die Kichererbsen 1 Stunde in Wasser gar kochen. Salzen, sobald sie weich werden. Die Rosinen in einem zweiten Topf mit Wasser bedecken und 15 Minuten kochen.

Den Couscous in einer ofenfesten Servierschüssel zubereiten, wie auf Seite 93–94 beschrieben. 20–30 Minuten vor dem Servieren die Schüssel mit Alufolie bedecken, bei 200 °C in den vorgeheizten Ofen stellen und den Couscous erhitzen, bis er dampft.

Für den Gemüsetopf 2$1/2$ Liter Wasser mit sieben – oder mehr – Gemüsesorten nach Wahl in einem großen Topf aufkochen und abschäumen. Salzen, pfeffern und die Gewürze zugeben, aber nicht die Kräuter. 30 Minuten köcheln lassen, bis das Gemüse gar ist. Die Kräuter noch 5 Minuten mitköcheln.

Für die scharfe Sauce 2 Schöpfkellen Brühe vom Gemüse abnehmen und in einer kleinen Schüssel mit Harissa oder Paprika- und Chilipulver verrühren.

2 große Zwiebeln, in Scheiben
geschnitten

500 g (etwa 4 große) Steckrüben,
geschält, halbiert – ganz junge
Exemplare nicht zerteilen

500 g Möhren (etwa 4 große),
geschält und längs halbiert

500 g Kartoffeln (4 mittelgroße),
geschält und geviertelt

1 kleiner Weißkohl, längs in Achtel
geteilt

3 rote Paprikaschoten, in Streifen
geschnitten

5 Artischockenherzen (frisch oder
tiefgefroren), halbiert

3 kleine Knollen Fenchel, in Viertel
geteilt

500 g dicke Bohnen oder zarte
Erbsen (nach Belieben tiefgefroren)

4 mittelgroße Tomaten, enthäutet
und geviertelt

500 g orangefarbenes
Kürbisfleisch, in 5 cm große Stücke
geschnitten

500 g Zucchini, in 5 cm lange
Stücke geschnitten oder längs
halbiert

Vor dem Servieren etwaige Klumpen im Couscous sorgfältig zerdrücken und etwas von der Gemüsebrühe unterrühren. Den Couscous aufhäufen und das Gemüse darauf
anrichten oder in einer eigenen Schüssel servieren. Die
Kichererbsen und Rosinen aufwärmen, gleichfalls in eine
Schüssel füllen und, ebenso wie die scharfe Sauce, als
Beigabe reichen.

GEMÜSEGERICHTE

Die Mittelmeerländer sind berühmt für ihre Vielfalt an Gemüse, das in der dortigen Sonne ein unvergleichliches Aroma entwickelt. Die traditionellen Zubereitungsarten dafür – eine Mischung, die byzantinische und osmanische Wurzeln ebenso aufweist wie arabische oder französische, italienische und spanische Einflüsse – haben sich über die ganze Welt verbreitet. Das Gros der hier vorgestellten Gerichte ist ideal für eine Party. Sie eignen sich aber auch als Beilage oder ergeben, mit gutem Brot und Käse serviert, eine köstliche Hauptmahlzeit.

FÜR DEN SUD

1 Flasche (³/₄ l) trockener Weißwein

175 ml sehr mildes natives Olivenöl extra

Salz nach Geschmack

2 Thymianzweige

4 Lorbeerblätter

Geeignet sind Spargel, Frühlingszwiebeln, Shiitake, grüne Bohnen, Zuckerschoten, kleine Zwiebeln, Möhren, Kartoffeln, Pastinaken und Steckrüben. Die meisten Gemüsesorten werden möglichst nicht zerteilt. Große Möhren in dicke Scheiben schneiden oder längs halbieren. Kartoffeln, Pastinaken und Steckrüben in Scheiben schneiden oder würfeln.

IN WEISSWEIN UND OLIVENÖL GEKOCHTES GEMÜSE

Bei dieser provenzalischen Zubereitung erhält das Gemüse durch eine Mischung aus Weißwein – ich verwende einen fruchtigen, trockenen Riesling – und Olivenöl einen herrlichen Geschmack und in manchen Fällen zudem einen wundervollen leichten Goldton. Selbst länger gegart, bewahrt das Gemüse noch Biss. Aus einer bunten Gemüsemischung zaubern Sie ein herrliches Partygericht, das warm oder kalt gleichermaßen schmeckt. Bereiten Sie die einzelnen Sorten separat zu, denn sie haben unterschiedliche Garzeiten, die im Übrigen länger sind als beim Kochen in Wasser. Bei Spargel und Frühlingszwiebeln beträgt sie etwa 10, bei Möhren und Kartoffeln dagegen 45–60 Minuten. Das Gemüse soll im geschlossenen Topf bei niedriger Temperatur im leise siedenden Sud langsam garen.

FÜR 4–6 PERSONEN

Den Wein und das Öl mit etwas Salz, dem Thymian und den Lorbeerblättern in einem großen Topf aufkochen. Sobald sich das Öl mit dem sprudelnd kochenden Wein mischt, die Temperatur herunterschalten. Das Gemüse portionsweise darin garen, mit einer Schaumkelle herausnehmen und auf einer Servierplatte anrichten.

Mir schmeckt dieses Gemüse kalt besonders gut. Aber auch heiß ist es ein Genuss: Alles zusammen unter Alufolie im Ofen nochmals aufwärmen.

2 kg junges Frühlingsgemüse wie kleine Kartoffeln, Frühlings-zwiebeln, feiner Spargel, kleine Zucchini, zarter Lauch, kleine Fenchelknollen und Sellerieherzen, Perlzwiebeln, grüne Bohnen, Zuckerschoten, Salatherzen und Maiskölbchen

2–3 Knoblauchzehen, gehackt

4 Lorbeerblätter

2 Thymianzweige

Etwa 2 l Gemüsebrühe, nach Belieben mit Brühwürfeln zubereitet

Salz

FÜR DAS DRESSING

100 ml sehr mildes natives Olivenöl extra, nach Belieben mit Sonnenblumenöl gemischt

1 Hand voll gehackte Kräuter wie Kerbel, Schnittlauch und Petersilie

IN BRÜHE GEKOCHTES KLEINES GEMÜSE

Vor etwa zehn Jahren haben die Köche der Provence Babygemüse in Mode gebracht und seither immer feinere Rezepte dafür ersonnen. Mit einer größeren Auswahl ergibt die hier vorgestellte Zubereitung ein Hauptgericht für vier Personen oder, hübsch auf einer Servierplatte arrangiert, einen appetitanregenden Blickfang auf einem Partybuffet. Perfektionisten kochen die verschiedenen Gemüsesorten separat, da ihre Garzeiten trotz der geringen Größe etwas schwanken.

FÜR 4 PERSONEN

Das Gemüse waschen und nach Bedarf schälen, aber nicht zerteilen, zarte Stiele und Blätter nicht entfernen. Bei Lauch und Frühlingszwiebeln die Wurzeln und dunklen Enden abschneiden. Das Gemüse mit den Knoblauchzehen, Lorbeerblättern und Thymianzweigen in einem Topf mit der Brühe bedecken und nach Geschmack salzen. Bissfest garen und abseihen. Das Öl mit den Kräutern verrühren und das Gemüse damit beträufeln.

VARIATION

Kräftiger schmeckt das Gemüse, wenn Sie den Saft von 1/2 Zitrone und 1 EL Zucker an die Brühe geben.

*1 große Aubergine, längs in gut
1 cm dicke Scheiben geschnitten*

Salz

*4 mittelgroße Zucchini, längs in gut
1 cm dicke Scheiben geschnitten*

*2 mittelgroße milde Zwiebeln, in
dicke Scheiben geschnitten*

2–4 Eiertomaten, halbiert

*2 rote oder gelbe Paprikaschoten,
halbiert, Samen und Scheidewände
entfernt*

Natives Olivenöl extra

*4–8 dicke Knoblauchzehen,
ungeschält*

Frisch gemahlener Pfeffer

*4 EL gehackte Kräuter wie
Petersilie, Basilikum, Kerbel oder
Majoran (nach Belieben)*

VARIATIONEN

Kalt schmeckt das Gemüse
besonders gut, mit etwas
Zitronensaft, Sherry oder
Balsamessig beträufelt.

Für Pasta mit gegrilltem oder
geröstetem Gemüse 400 g
Pasta *al dente* kochen und
abseihen. 6 EL natives Olivenöl extra mit 6 EL gehackter
glattblättriger Petersilie verrühren und unter die Pasta
mischen. Das Gemüse darauf
anrichten.

GEGRILLTES ODER GERÖSTETES GEMÜSE

*Auf dem Holzkohlengrill, aber auch unter dem Elektrogrill
oder im heißen Ofen, entwickelt Gemüse einen vollen, intensiven
Geschmack. Alle Gemüsesorten lassen sich so zubereiten,
eine typisch mediterrane Zusammenstellung aber finden Sie
links aufgelistet. Dieses Rezept ergibt eine eigenständige Mahlzeit
und schmeckt vorzüglich zum Couscous von Seite 96.*

FÜR 4 PERSONEN

Die Auberginenscheiben salzen und 30 Minuten abtropfen
lassen, um ihnen die Bitterstoffe zu entziehen. Danach abspülen und trockentupfen.

Die Aubergine, Zucchini, Zwiebeln, Tomaten und Paprikaschoten mit Öl bestreichen.

Auberginen, Zwiebeln und Zucchini grillen, bis sie weich
und leicht gebräunt sind, dabei nur einmal wenden – die
Paprikahälften aber nur mit der Hautseite zur Glut
beziehungsweise zu den Heizelementen legen. Auberginen
schmecken nur, wenn sie richtig gar sind – sie lassen sich
dann mit einer Gabel mühelos einstechen. Die Tomaten und
Knoblauchzehen ebenfalls weich grillen.

Alternativ die Gemüsescheiben auf mit Alufolie belegten
Backblechen bei 250 °C im vorgeheizten Ofen rösten. Dabei
aufpassen, dass sie nicht übergaren.

Alle Gemüsesorten auf einer Servierplatte anrichten, die
Knoblauchzehen nach Belieben schälen.

Heiß oder kalt servieren. Nach Geschmack mit Salz und
Pfeffer würzen, mit Olivenöl beträufeln und mit gehackten
frischen Kräutern bestreuen.

2 mittelgroße Auberginen

2 mittelgroße Zwiebeln

2 rote Paprikaschoten

2 Eiertomaten

1 ganze Knoblauchknolle mit
dicken Zehen

4–5 EL Olivenöl

Salz und frisch gemahlener Pfeffer

IM GANZEN GERÖSTETES
GEMÜSE

*Hier eine weitere beliebte Zubereitung der Mittelmeerküche.
Ein Teller gemischtes geröstetes Gemüse, mit einer kleinen
Käseauswahl gereicht, ergibt eine perfekte Mahlzeit.*

FÜR 4 PERSONEN

Den Ofen auf 180 °C vorheizen.

Die Auberginen mit einem scharfen Messer einstechen, damit sie nicht aufplatzen. Mit dem restlichen, unzerteilten Gemüse auf einem mit Alufolie ausgelegten Backblech verteilen und in den Ofen schieben. Tomaten und Knoblauch herausnehmen, sobald sie – nach etwa 20 Minuten – weich werden. Zwiebeln, Paprikaschoten und Auberginen etwa 1 Stunde rösten, bis sie gut gebräunt sind, dabei einmal wenden.

Die Paprikaschoten in einen Plastikbeutel legen, fest verschließen und schwitzen lassen – so löst sich die Haut. Das Gemüse enthäuten, sobald es ausreichend abgekühlt ist; bei den Paprikaschoten zusätzlich die Samen und Scheidewände entfernen. Die Tomaten halbieren, die Zwiebeln vierteln, Paprikaschoten und Auberginen in Streifen schneiden. Die Knoblauchzehen schälen, aber ganz lassen.

Das Gemüse mit dem Olivenöl vermischen, salzen und pfeffern. Kalt servieren.

4 kleine Steckrüben

1 große Pastinake

1 große Möhre

1 Süßkartoffel (etwa 250 g)

2 EL Sonnenblumen- oder anderes Pflanzenöl

1/2 l Gemüsebrühe, mit Brühwürfeln zubereitet

100 ml trockener Weißwein (nach Belieben)

Salz und frisch gemahlener Pfeffer

1 EL Zitronensaft

16 Maronen

WURZELGEMÜSE MIT MARONEN

*Dieses französische Rezept ist wirklich einen Versuch wert!
Frische Maronen (Esskastanien) haben im Spätherbst Saison,
es gibt sie aber auch gefroren oder vakuumverpackt
zu kaufen.*

FÜR 4 PERSONEN

Das Gemüse schälen, in 2,5 cm große Würfel schneiden und mit dem Öl in einen Topf füllen.

Mit der Brühe und dem Wein (nach Belieben) bedecken. Sparsam salzen – die Brühe enthält bereits Salz –, reichlich pfeffern und mit dem Zitronensaft beträufeln.

Das Gemüse im offenen Topf etwa 25 Minuten leise köcheln lassen, bis es so eben gar und die Brühe zu einer Sauce eingekocht ist.

Unterdessen die Maronen auf der runden Seite mit einem kleinen, scharfen Messer kreuzweise einritzen und etwa 2 Minuten unter den heißen Grill schieben, bis sie nahezu schwarz geröstet sind, dabei einmal wenden. Leicht abkühlen lassen, schälen und noch 5 Minuten in dem Gemüse mitkochen. Falls die Sauce noch etwas eindicken muss, die Temperatur erhöhen.

Heiß servieren.

FÜR DEN BACKTEIG

150 g Mehl

1/2 TL Salz

1 TL Backpulver

1 EL natives Olivenöl extra

1 großes Eigelb

Etwa 200 ml Mineral- oder Leitungswasser

FÜR DAS GEMÜSE

Eine beliebige Auswahl, zum Beispiel:

Dicke Frühlingszwiebeln, Wurzeln und das dunkle Grün entfernt

Spargel, die holzigen Enden abgeschnitten

Champignons

Zucchini, längs in Scheiben geschnitten

Auberginen, in 1 cm dicke Scheiben geschnitten

Blumenkohl, gekocht und in Röschen geteilt

Artischockenherzen, in Scheiben geschnitten

AUSSERDEM:

Sonnenblumen- oder anderes Pflanzenöl zum Frittieren

Salz und frisch gemahlener Pfeffer

1 Zitrone, in Spalten geteilt

FRITTIERTES GEMISCHTES GEMÜSE

Die italienische Küche ist berühmt für diese Zubereitung, die dort fritti misti di verdura *heißt. Je nach Region werden verschiedene Gemüsesorten verwendet. Manchmal kommen im Süden panierte und ebenfalls frittierte Mozzarellastücke hinzu. Im Norden des Landes bereichern Fruchtstücke wie Apfelscheiben sowie kleine frittierte Happen einer gekochten und leicht gesüßten »Creme« (aus Milch und gemahlenem Reis) die Geschmacksvielfalt. Jedes Land im Mittelmeerraum kennt aber ein vergleichbares Gericht. In der Türkei sind frittierte Auberginen- und Zucchinischeiben beliebt, die mit Joghurt oder frischer Tomatensauce (Seite 218) serviert werden.*

FÜR 4 PERSONEN

Für den Backteig das Mehl mit dem Salz und dem Backpulver in einer großen Schüssel vermengen. Das Öl und das Eigelb untermischen. So viel Wasser kräftig einrühren, dass ein dickflüssiger Backteig entsteht. 30 Minuten ruhen lassen. Vor der Verwendung erneut durchmischen.

Das Gemüse klein schneiden. Die Stücke durch den Backteig ziehen und im heißen Öl (180 °C) frittieren, bis sie gar, knusprig und goldbraun sind. Auf Küchenpapier abtropfen lassen.

Salzen und pfeffern. Sogleich servieren, dazu Zitronenspalten reichen. Bei Bedarf im Ofen erneut aufwärmen.

FOTO SEITE 106/107: *Frittiertes gemischtes Gemüse (links), Spaghetti mit Paprika und Auberginen (rechts, Rezept Seite 75)*

500 g kleine Speiserüben, geschält

200 g frische dicke Bohnen, ausgehülst

1 Knoblauchzehe, fein gehackt

3 EL Sonnenblumen- oder anderes Pflanzenöl

Saft von 1/2 Zitrone

1–2 TL Zucker

1 TL getrocknete Minze

Etwa 4 EL Wasser

250 g Spinat

DICKE BOHNEN MIT RÜBCHEN UND SPINAT

Am besten schmeckt frisches Gemüse, doch gelingt das Gericht auch gut mit dicken Bohnen und Blattspinat aus der Tiefkühltruhe.

FÜR 4–6 PERSONEN

Die Rübchen längs halbieren und in 1 cm dicke Scheiben schneiden. Mit den Bohnen, dem Knoblauch und dem Öl in einer großen Pfanne bei schwacher Hitze in 5–10 Minuten ganz leicht Farbe nehmen lassen.

Den Zitronensaft, den Zucker, die Minze und das Wasser zufügen. Das Gemüse in 10–20 Minuten gar dünsten.

Inzwischen den Spinat waschen, abtropfen lassen, die harten Stiele entfernen und ausdrücken. Wenn die Rübchen und Bohnen beinahe gar sind, den Spinat zufügen, den Topf schließen, 1–2 Minuten im Dampf garen lassen, bis er zusammenfällt. Alles vermischen und abschmecken.

Heiß oder kalt servieren.

Anmerkung Bohnen und Blattspinat aus der Tiefkühltruhe zunächst auftauen. Sobald die Rübchen gar sind, dazugeben und alles zusammen noch einige Minuten garen.

Omeletts und andere Eierspeisen

Die mediterrane Küche ist bekannt für ihre vorzüglichen Eierspeisen, etwa die Omeletts. Gefüllt mit Gemüse verschiedener Art, gleichen sie in ihrer Konsistenz oft einem dicken Kuchen und schmecken warm oder auch kalt. Zusammen mit einem Salat ergeben sie eine sättigende Mahlzeit. Wie eine Torte aufgeschnitten oder in kleine Vierecke zerteilt und zum Beispiel mit Kresse garniert, wirken sie fröhlich und elegant zugleich. Da sie sich im Voraus zubereiten lassen, sind sie eine gute Wahl, um entspannt Gäste zu bewirten, sie ergeben aber auch eine traditionelle Picknickspeise.

250 g frischer Spinat oder tiefgefrorener Blattspinat

1 große Zwiebel, gehackt

4 EL Sonnenblumen- oder mildes Pflanzenöl

1 große Tomate, enthäutet und gehackt

Salz und frisch gemahlener Pfeffer

4 große Eier

1/2 TL Muskatnuss

VARIATIONEN

Üppiger wird das Omelett durch Zugabe einer Hand voll gekochter Kichererbsen oder weißer Bohnen.

Für ein provenzalisches Omelett 400 g Spinat garen und mit 4 großen Eiern, 1 Prise Muskatnuss, 1 zerdrückten Knoblauchzehe und 4 EL geriebenem Parmesan oder Gruyère vermischen.

Eine andere französische Variante wird zusätzlich mit einer Hand voll gekochter Erbsen und 2 in Scheiben geschnittenen Artischockenherzen angereichert.

SPINATOMELETT

Jedes arabische Land kennt sein eigenes Spinatomelett. Hier eine ägyptische Variante.

FÜR 4 PERSONEN

Frischen Spinat waschen und die harten Stiele entfernen. Den Spinat abtropfen lassen und ausdrücken. Im geschlossenen Topf bei schwacher Hitze ohne Zugabe von Flüssigkeit (das an den Blättern haftende Wasser genügt) kurz zusammenfallen lassen. In einem Sieb abtropfen lassen und ausdrücken. Tiefgefrorenen Spinat auftauen und gründlich ausdrücken.

Die Zwiebel in 2 Esslöffel Öl goldgelb anschwitzen. Die Tomate zufügen, salzen und pfeffern und 15 Minuten zu einer sämigen Sauce einkochen lassen.

Die Eier in einer Schüssel mit Salz, Pfeffer und Muskatnuss leicht verquirlen. Die Tomatensauce und den Spinat gründlich untermischen.

Das restliche Öl in einer Pfanne (möglichst beschichtet) erhitzen. Die Ei-Spinat-Mischung hineingeben und bei schwacher Hitze in etwa 10 Minuten die Unterseite stocken lassen. Die Pfanne unter den vorgeheizten Ofengrill schieben und das Omelett weitergaren, bis auch die Oberseite fest und leicht gebräunt ist.

Wie eine Torte aufschneiden und heiß oder kalt servieren.

750 g Auberginen
(etwa 2 mittelgroße)

1 große Zwiebel, gehackt

4 EL Olivenöl

3 Knoblauchzehen, zerdrückt

4 große Eier

1 kleine Hand voll gehackte
glattblättrige Petersilie

1/2–1 TL gemahlener Kümmel

1/2 TL gemahlener Koriander

Salz und frisch gemahlener Pfeffer

1 Zitrone, in Scheiben geschnitten

AUBERGINENOMELETT

Maacoudes – *Omeletts mit verschiedenerlei Zutaten –
gehören zu den beliebtesten Vorspeisen Tunesiens, wo sie heiß oder
kalt serviert werden. Besonders locker und aromatisch
ist diese Version.*

FÜR 4 PERSONEN

Die Auberginen mehrmals mit einem spitzen Messer einstechen, damit sie nicht aufplatzen. Auf einem Blech etwa 20 Minuten unter den Ofengrill schieben und immer wieder wenden, bis sie ringsum schwarz angelaufen sind und sich weich anfühlen.

Die Zwiebel in 2 Esslöffel Öl bei sehr schwacher Hitze goldgelb anschwitzen, dabei gelegentlich rühren. Den Knoblauch unter Rühren mitschwitzen.

Die Auberginen in einem Sieb enthäuten. Das Fruchtfleisch mit zwei Messern hacken und mit einer Gabel zerdrücken – dies geschieht ebenfalls im Sieb, damit der Saft abtropfen kann.

Die Eier in einer Schüssel leicht verquirlen. Auberginen, Zwiebel und Knoblauch, Petersilie, Kümmel, Koriander, Salz und Pfeffer gründlich einrühren.

Das restliche Öl in einer großen Pfanne (möglichst beschichtet) erhitzen. Die Eimasse einfüllen und zugedeckt bei sehr schwacher Hitze in etwa 10 Minuten die Unterseite stocken lassen. Die Pfanne unter den vorgeheizten Ofengrill schieben und das Omelett weitergaren, bis auch die Oberseite fest und leicht gebräunt ist.

Heiß oder kalt mit Zitronenscheiben servieren.

1 Zwiebel, grob gehackt

6 EL natives Olivenöl extra
(nach Bedarf auch mehr)

2 Knoblauchzehen, gehackt

1 mittelgroße Aubergine, in 1,5 cm
große Würfel geschnitten

2 mittelgroße Zucchini, in 1,25 cm
dicke Scheiben geschnitten

1 rote Paprikaschote, Samen und
Scheidewände entfernt, das
Fruchtfleisch in 1,5 cm breite
Streifen geschnitten

4 mittelgroße Tomaten, enthäutet
und gehackt

Salz und frisch gemahlener Pfeffer

1 TL Zucker

1 Thymianzweig, die Blättchen
abgestreift

4 EL gehackte Petersilie

4 große Eier, leicht verquirlt

VARIATION

Die Eier über das Gemüse
aufschlagen und einfach
stocken lassen.

OMELETT MIT FÜNFERLEI GEMÜSE

In Südfrankreich heißt dieses Omelett tian de bohémienne,
*in Nordafrika dagegen nennt man ein Pfannengericht
aus gemischtem Gemüse und Eiern* shakshouka. *Alle möglichen
Gemüsesorten einschließlich Erbsen, dicker Bohnen und Kürbis
eignen sich dafür. Besonders beliebt aber ist die traditionelle
Ratatouillemischung. Die Franzosen braten die einzelnen
Gemüsesorten separat in reichlich Öl, lassen sie abtropfen
und vermischen sie erst dann miteinander und mit den Eiern.
Genauso gut und schneller gelingt das Omelett nach
folgendem Rezept.*

FÜR 4 PERSONEN

Die Zwiebel in 2 Esslöffel Öl in einer großen Pfanne glasig
schwitzen.

Knoblauch, Aubergine, Zucchini und Paprika mit dem
restlichen Öl zufügen. Das Gemüse erst bei starker, dann
bei mittlerer Hitze unter häufigem Wenden braten, bis es
etwas Farbe angenommen hat.

Die Tomaten mit Salz, Pfeffer, dem Thymian und dem
Zucker dazugeben und alles weitergaren, bis das Gemüse
weich ist.

Die Petersilie untermischen und die Eier langsam einrühren, nochmals leicht salzen und pfeffern und die Eier
stocken lassen.

Heiß servieren und Brot dazu reichen.

2 große Kartoffeln, geschält und in 0,5 cm dicke Scheiben geschnitten

1 Gemüsezwiebel, in feine Scheiben geschnitten

Salz

1/8 l Öl – Olivenöl, gemischt mit anderem mildem Pflanzenöl

3 große Eier, leicht verquirlt

KARTOFFELTORTILLA

Die Tortilla gehört zu den beliebtesten tapas *(Appetithappen) in spanischen Bars, doch ist sie auch ein klassisches Familienessen. Sie lässt sich im Voraus zubereiten und aufwärmen, schmeckt aber kalt genauso gut.*

FÜR 4–5 PERSONEN

Die Kartoffeln und die Zwiebel leicht salzen.

Das Öl in einer beschichteten Pfanne erhitzen. Die Kartoffeln mit der Zwiebel gleichzeitig zufügen und bei mittlerer Hitze in etwa 15 Minuten langsam mehr dünsten als braten, ohne sie zu bräunen, dabei gelegentlich wenden. In einem Sieb abtropfen lassen und das Öl auffangen.

Kartoffeln und Zwiebel in einer Schüssel mit den Eiern vermischen und etwa 15 Minuten ruhen lassen.

Die Pfanne auswischen und 2 Esslöffel des aufgefangenen Öls darin erhitzen, bis es zischt. Die Eimischung bei mittlerer bis schwacher Hitze stocken lassen, dabei die Pfanne gelegentlich rütteln. Sobald sich die Masse vom Pfannenrand löst und unterseits leicht gebräunt ist, die Tortilla mit einem raschen Schwung auf einen großen Teller stürzen. Einen weiteren Esslöffel Öl in die Pfanne geben. Die Tortilla mit der gebräunten Seite nach oben wieder hineingleiten lassen und die zweite Seite noch 1 Minute braten. Alternativ unter dem Ofengrill bräunen.

Wie eine Torte aufschneiden und heiß oder kalt servieren.

3 Knoblauchzehen, gehackt (nach
Belieben auch weniger oder mehr)

3 EL Sonnenblumenöl oder
natives Olivenöl extra

4 Eiertomaten, in 1 cm dicke
Scheiben geschnitten

Salz und frisch gemahlener Pfeffer

2/3 TL Zucker

4 große Eier

3 EL gehacktes Basilikum, nach
Belieben auch Koriandergrün oder
Petersilie

VARIATIONEN

Die Tomaten enthäuten,
hacken und weich dünsten,
wie im nebenstehenden
Rezept beschrieben. Die Eier
unterrühren. Das Gericht soll
eine lockere, cremige Konsistenz bewahren.

Einige schwarze Oliven
entsteinen, in Stücke schneiden und zufügen.

EIER MIT TOMATEN

*Wenn meine Kinder unerwartet zum Essen nach Hause
kommen, serviere ich dieses schnelle Gericht, das in Ägypten sehr
populär ist. Oft verzichte ich darauf, die Tomaten zu enthäuten,
trotzdem gelingt das Gericht vorzüglich.*

FÜR 2 PERSONEN

Den Knoblauch in dem Öl in einer großen Pfanne mit
leichter Farbe anschwitzen.

Die Tomatenscheiben möglichst nebeneinander hinein-
legen, salzen, pfeffern und mit Zucker bestreuen. 2–3 Minuten dünsten und einmal wenden.

Die Eier über die Tomaten aufschlagen, salzen und pfeffern. Bei schwacher Hitze stocken lassen.

Das Gericht mit den gehackten Kräutern bestreuen und
heiß servieren. Dazu Brot reichen.

Anmerkung In Griechenland kennt man ein ähnliches
Gericht – *avgá me domátes ke piperiés*. Dafür wird mit dem
Knoblauch eine fein geriebene Zwiebel angeschwitzt. 2 von
Samen und Scheidewänden befreite rote Paprikaschoten
sowie die enthäuteten und von den Samen befreiten Toma-
ten in Streifen schneiden und in der Knoblauch-Zwiebel-
Mischung 30 Minuten dünsten. Die Eier darüber aufschla-
gen und wie Rührei fertig stellen.

2 rote Paprikaschoten

1 mittelgroße Zwiebel, gehackt

2 EL Oliven- oder Sonnenblumenöl

*500 g Tomaten (etwa 6 mittel-
große), enthäutet und gewürfelt*

Salz und frisch gemahlener Pfeffer

1–2 TL Zucker

2 EL Kapern (nach Belieben)

*1/2–1 TL Harissa (Seite 219) oder
1 TL Paprikapulver und 1 kräftige
Prise Cayennepfeffer oder rotes
Chilipulver (nach Belieben)*

4 große Eier, leicht verquirlt

VARIATIONEN

Gehaltvoller wird das Gericht
durch Zugabe von 2 gekochten, geschälten und gewür-
felten Kartoffeln oder abgetropften weißen Bohnen aus
der Dose (etwa 400 g).

Eine Hand voll geriebenen
Gruyère oder zerkrümelten
Feta untermischen.

GEBACKENES TOMATENOMELETT
MIT PAPRIKASTREIFEN

Der tunesische Name dieses herzhaften Gerichts,
tagine, *leitet sich von der flachen Tonschüssel ab, in der
es zubereitet wird.*

FÜR 4 PERSONEN

Den Ofen auf 180 °C vorheizen.

Die Paprikaschoten rösten (Seite 216), enthäuten, Samen
und Scheidewände entfernen und das Fruchtfleisch in Streifen schneiden.

Die Zwiebel in dem Öl goldgelb anschwitzen. Die Tomaten dazugeben, salzen, pfeffern und mit Zucker bestreuen.
Etwa 20 Minuten zu einer sämigen Sauce einkochen lassen.

Vom Herd nehmen. Die Kapern (falls verwendet), das mit
1 Esslöffel Wasser verrührte Harissa oder Paprikapulver
und den Cayennepfeffer oder das Chilipulver untermischen.

Die Mischung etwas abkühlen lassen, dann die Eier ener-
gisch einrühren.

Die Paprikastreifen in eine flache, geölte Auflaufform von
23 cm Durchmesser legen und mit der Eimischung übergießen. Etwa 50 Minuten im Ofen stocken lassen.

Heiß servieren.

FLANS, GRATINS UND SOUFFLÉS

Gebackene Gemüsegerichte mit Eiern und Käse sind optimal für die vegetarische Ernährung. Zum einen liefern sie alle wichtigen Proteine, Kohlenhydrate, Ballast- und Nährstoffe, zum anderen sind sie sehr sättigend. Außerdem lassen sie sich im Voraus zubereiten, sodass man sie vor dem Servieren nur noch aufwärmen muss. Während die französischen *tians* und die italienischen *pasticci* auf einer cremigen Béchamelsauce basieren, enthalten die arabischen Pendants oft Eier. Mit einem frischen Salat ergeben sie ein köstliches warmes oder kaltes Hauptgericht und sind ideal für ein Buffet.

1 große Zwiebel, gehackt

1 1/2 EL Olivenöl

4 große Eier

1/8 l Milch

Salz und frisch gemahlener
weißer Pfeffer

1 Prise Muskatnuss

500 g Zucchini (etwa 4 größere),
in sehr feine Scheiben geschnitten

Butter oder Öl für die Form

FÜR DIE SAUCE

1–2 Knoblauchzehen, fein gehackt

1 EL Olivenöl

500 g Tomaten (etwa 6 mittelgroße), enthäutet und gehackt

Salz und frisch gemahlener Pfeffer

1–2 TL Zucker

1–2 EL grob gehackte schwarze
Oliven

1–2 EL Kapern in Essig, abgetropft

ZUCCHINIFLAN MIT TOMATENSAUCE

*Eine herzhafte Tomatensauce mit Oliven und Kapern
bildet den Kontrast zu der cremig-milden Zucchinimischung
dieses provenzalischen Gerichts.*

FÜR 4 PERSONEN

Den Ofen auf 180 °C vorheizen.

Die Zwiebel in dem Öl bei mittlerer Hitze unter häufigem Rühren schwitzen lassen, bis sie ganz weich und goldgelb ist. Beiseite stellen.

Die Eier mit einer Gabel verquirlen und die Milch einrühren. Mit Salz, Pfeffer und Muskatnuss würzen. Die gebratene Zwiebel und die Zucchini gründlich untermischen.

Die Masse in eine gut gefettete runde Backform (26 cm Durchmesser) füllen. Mit Alufolie abdecken und 1 1/2 Stunden backen, bis sie fest geworden ist. Nach 1 Stunde die Folie entfernen, damit die Oberfläche bräunt.

Inzwischen für die Sauce den Knoblauch im Öl bei schwacher Hitze unter Rühren hellgelb anschwitzen. Die Tomaten mit Salz, Pfeffer und Zucker hinzufügen. Die Sauce 20 Minuten leise köcheln und dabei eindicken lassen. Zuletzt die Oliven und Kapern noch einige Minuten mitköcheln.

Den Zucchiniflan mit der Sauce überziehen und servieren. Oder die Sauce separat auf den Tisch stellen, sodass sich jeder selbst bedienen kann.

1 große Zwiebel, grob gehackt

2 EL Sonnenblumen- oder anderes Pflanzenöl

750 g Zucchini, in 1 cm dicke Scheiben geschnitten

Salz

3 große Eier, leicht verquirlt

200 g Pecorino Romano, gerieben

Frisch gemahlener weißer Pfeffer

Etwas frisch geriebene Muskatnuss

Butter oder Öl für die Form

ZUCCHINIGRATIN

Eine beliebte Ergänzung zu diesem Gericht aus dem arabischen Mittelmeerraum ist Joghurt, der glatt verrührt, leicht gewürzt und separat serviert wird. Anstelle des üblichen Feta verwende ich einen geriebenen Hartkäse, etwa einen Pecorino Romano, der geschmacklich besonders gut mit Zucchini harmoniert.

FÜR 4 PERSONEN

Den Ofen auf 180 °C vorheizen.

Die Zwiebel in dem Öl bei mittlerer Hitze goldgelb anschwitzen. Die Zucchini einige Minuten in kochendem Salzwasser pochieren – sie sollten nicht völlig garen – und in ein Sieb abgießen. Gründlich abtropfen lassen.

Die Eier mit der Zwiebel und dem Käse vermischen. Mit Pfeffer und Muskatnuss würzen und die Zucchini untermischen.

Das Ganze in eine gefettete flache Auflaufform füllen und etwa 30 Minuten backen, bis die Masse gestockt und leicht gebräunt ist.

750 g Auberginen, in 1 cm dicke Scheiben geschnitten

Salz

1 große Zwiebel, gehackt

Reichlich Sonnenblumenöl zum Braten

750 g Tomaten, enthäutet und gehackt

Frisch gemahlener Pfeffer

2 TL Zucker

200 g Fontina, in dünne Scheiben geschnitten

$^1/_2$ l Milch

4 große Eier

2 EL frisch geriebener Parmesan

AUBERGINEN-TOMATEN-PASTICCIO MIT FONTINA

Diese Mischung aus Gemüse, Käse und einer Eiermilch weckt unweigerlich Gedanken an die süditalienische Küche.

FÜR 6 PERSONEN

Die Auberginen 30 Minuten in stark gesalzenem Wasser ziehen lassen. Abspülen, abtropfen lassen und mit Küchenpapier trockentupfen.

Die Zwiebel in 2 Esslöffel Öl goldgelb anschwitzen. Die Tomaten zufügen, mit Salz, Pfeffer und dem Zucker würzen. In 15–20 Minuten zu einer sämigen Sauce einkochen lassen.

Den Ofen auf 180 °C vorheizen.

Die Auberginenscheiben frittieren oder in reichlich heißem Öl rasch braten, bis sie leicht gebräunt sind, dabei einmal wenden. Auf Küchenpapier abtropfen lassen. Alternativ die Auberginen großzügig mit Öl bestreichen, auf ein Backblech legen und unter dem heißen Grill von beiden Seiten bräunen.

Die Auberginen abwechselnd mit den Käsescheiben und der Tomatensauce in eine Auflaufform schichten.

Die Milch mit den Eiern und dem Parmesan verrühren, salzen und pfeffern und in die Form gießen.

Den Pasticcio 1$^1/_4$ Stunden backen, bis die Eimasse gestockt ist. Heiß servieren.

Tomatensauce (Rezept Seite 218)

500 g Auberginen (1 große oder
2 mittlere), in etwa 1 cm dicke
Scheiben geschnitten

Salz

Reichlich Sonnenblumen- oder
anderes Pflanzenöl zum Braten

Frisch gemahlener Pfeffer

4 EL gehackte glattblättrige
Petersilie

100 g Feta, mit einer Gabel
zerdrückt

3 große Eier

VARIATIONEN

Für eine *parmigiana di melan-*
zane die Petersilie durch ein
kleines Bund Basilikum (die
Blätter zerpflückt) ersetzen.
Anstelle des Feta 2 Mozzarelle
würfeln und zusammen mit
6 EL geriebenem Parmesan
über der Tomatensauce
verteilen. Kein Ei verwenden.

Eine französische Variante wird
mit Béchamelsauce, vermischt
mit Gruyère, überzogen.

ÜBERBACKENE AUBERGINEN MIT TOMATENSAUCE UND FETA

Hier das arabische Gegenstück zur italienischen
parmigiana di melanzane.

FÜR 4 PERSONEN

Die Tomatensauce nach der Anleitung auf Seite 218 zubereiten.

Die Auberginenscheiben salzen und 30 Minuten Saft ziehen lassen. Abspülen und mit Küchenpapier trockentupfen.

Den Ofen auf 200 °C vorheizen.

Die Scheiben von beiden Seiten ganz kurz in reichlich Öl
braten – damit sie sich nicht vollsaugen, muss das Öl sehr
heiß sein –, bis sie schön gebräunt sind. Auf Küchenpapier
abtropfen lassen und den Boden einer Backform (28 cm
Durchmesser) damit auslegen.

Pfeffern, mit der Petersilie bestreuen und mit der Tomatensauce überziehen.

Den Feta gründlich mit den Eiern verrühren und über der
Tomatensauce verteilen.

Das Gericht 20–30 Minuten backen, bis die Ei-Käse-
Mischung gestockt ist. Heiß servieren.

750 g orangefleischiger Kürbis, geschält und in Stücke geschnitten

Salz und frisch gemahlener weißer Pfeffer

1 Prise Muskatnuss

1 kleine Zwiebel, gehackt

1 EL Butter

1 EL Pflanzenöl

1 EL Mehl

1/4 l Milch

2 große Eier, leicht verquirlt

Butter für die Form

2–3 EL geriebener Gruyère

KÜRBISSOUFFLÉ

Dieser cremige tian de courge *aus der Vaucluse im Süden Frankreichs schmeckt sehr delikat. Servieren Sie ihn als ersten Gang oder, begleitet von einer frischen Tomatensauce (Seite 218), als Hauptgericht. Verwenden Sie orangefleischigen Kürbis, den Sie fast das ganze Jahr in griechischen und türkischen Gemüsegeschäften finden. Da die Früchte sehr groß sind, werden sie in Segmenten verkauft, häufig sind die Kerne und Fasern bereits entfernt.*

FÜR 4 PERSONEN

Den Kürbis mit etwa 4 Esslöffel Wasser im geschlossenen Topf in ungefähr 15 Minuten sehr weich dünsten. Mit dem Kartoffelstampfer oder einer Gabel zerdrücken. Mit Salz, Pfeffer und der Prise Muskatnuss würzen. Das Püree bei mittlerer Hitze einige Minuten ständig rühren, bis die enthaltene Flüssigkeit weitgehend verdampft ist (Kürbis enthält viel Wasser).

Den Ofen auf 200 °C vorheizen.

Die Zwiebel in der Butter und dem Öl bei mittlerer Hitze glasig anschwitzen, aber nicht bräunen. Mit dem Mehl bestauben und etwa 1 Minute weiter rühren.

Langsam die Milch zugießen, dabei ständig rühren, damit sich keine Klumpen bilden. Die Sauce bei schwacher Hitze eindicken lassen.

Das Kürbispüree und die Eier unter die Sauce rühren. Die Mischung in eine gut gebutterte Backform (23 cm Durchmesser) füllen und mit dem Gruyère bestreuen. Etwa 40 Minuten backen, bis sich die Oberfläche etwas verfestigt hat und leicht gebräunt ist.

750 g orangefleischiger Kürbis (mit Schale, aber ohne Kerne und Fasern gewogen)

Etwa 5 EL Wasser

2 große Eier, leicht verquirlt

100 g Feta, zerdrückt

4 EL frisch geriebener Parmesan

Butter oder Öl für die Form

KÜRBISGRATIN

Dieses Rezept stammt aus dem östlichen Mittelmeerraum.

FÜR 4 PERSONEN

Den Ofen auf 180 °C vorheizen.

Den Kürbis schälen und in Stücke schneiden. Mit dem Wasser im geschlossenen Topf 15 Minuten sehr weich dünsten. Mit einer Gabel zerdrücken und bei mittlerer Hitze unter Rühren einige Minuten die enthaltene Flüssigkeit weitgehend verdampfen lassen (Kürbis enthält viel Wasser).

Die Eier mit dem Feta und dem Parmesan verrühren. Den Kürbis untermischen und nach Geschmack salzen – der Käse enthält bereits Salz.

Die Masse in eine gefettete Backform (20 cm Durchmesser) füllen und etwa 25 Minuten backen, bis sie fest ist.

---

500 g junge Möhren, geschält und in Scheiben geschnitten

Salz

8 Eigelb

3 EL Sahne

2 EL feine Streifen von unbehandelter Orangenschale

1 TL gemahlener Kardamom

$^1/_4$ TL gemahlener Kreuzkümmel

Frisch gemahlener Pfeffer

Butter für die Förmchen

MÖHRENFLAN

FÜR 4 PERSONEN

Die Möhren in Salzwasser weich kochen, abgießen und im Mixer fein pürieren. Eigelbe, Sahne und alle Würzzutaten unterrühren, mit Salz und Pfeffer abschmecken.

4 Timbalförmchen ausbuttern und das Möhrenpüree bis knapp unter den Rand einfüllen. In einen mit Wasser (80 °C) gefüllten flachen Behälter stellen und im Wasserbad den Flan im vorgeheizten Ofen bei 160 °C etwa 30–40 Minuten garen. Die Förmchen herausnehmen und vorsichtig auf vorgewärmte Servierteller stürzen.

400 g frischer Spinat oder tiefgefrorener Blattspinat

1/2 Zwiebel, gehackt

25 g Butter

2 EL Mehl

300 ml kochende Milch

Salz und frisch gemahlener Pfeffer

1 Prise Muskatnuss

2 große Eier, leicht verquirlt

2 hart gekochte Eier, in Stücke geschnitten

50 g geriebener Gruyère

Butter für die Form

SPINATSOUFFLÉ

Dieser tian d'épinards *entstammt der bodenständigen und herzhaften Küche der Vaucluse.*

FÜR 4 PERSONEN

Den Ofen auf 200 °C vorheizen.

Frischen Spinat waschen und abtropfen lassen, nur die harten Stiele entfernen. Im geschlossenen Topf ohne Zugabe von Flüssigkeit (das an den Blättern haftende Wasser genügt) dünsten, bis er zusammenfällt. In einem Durchschlag abtropfen lassen und den Saft auffangen. Tiefgefrorenen Spinat auftauen lassen und ausdrücken.

Die Zwiebel in der Butter in einem Topf bei schwacher Hitze glasig anschwitzen. Das Mehl einrühren, aber nicht bräunen. Langsam die Milch und den Spinatsaft einrühren. Die Sauce 5 Minuten kochen, dabei ständig rühren, damit sich keine Klumpen bilden.

Salz, Pfeffer und die Prise Muskatnuss sowie die leicht verquirlten Eier und den Spinat gründlich untermischen, ebenso die hart gekochten Eier und den Gruyère.

Die Masse in eine gebutterte Backform (23 cm Durchmesser) füllen, in den Ofen stellen und 40 Minuten backen, bis sich die Oberfläche leicht verfestigt hat und appetitlich gebräunt ist.

GEMÜSEBEILAGEN

Die traditionellen mediterranen Landesküchen basieren auf pflanzlicher Kost. Gemüse und Hülsenfrüchte dienten einer abwechslungsreichen und gesunden Ernährung. Das gilt heute mehr denn je. Wer einmal in den Mittelmeerländern über einen Gemüsemarkt geschlendert ist, wird sich begeistert an die Fülle und Farbenpracht des frischen Angebots erinnern. In diesen Ländern serviert man nicht die faden Beilagen aus gekochtem oder gedämpftem Gemüse, wie wir sie zur Genüge kennen. Auch schlicht zubereitetes Gemüse kann dort sehr aufregend schmecken. Reichen Sie diese Gerichte zu Eierspeisen, Flans, Gratins oder zu Fisch.

750 g kleine neue Kartoffeln

2 ganze Knoblauchknollen, quer halbiert

3 Lorbeerblätter

3 Thymianzweige

1 frische Chilischote

Salz

Natives Olivenöl extra

Frisch gemahlener Pfeffer

FOTO RECHTS

500 g Zucchini, grob geraspelt

Salz

50 g Frühlingszwiebeln, gehackt

1 kleine Zwiebel, gerieben

2 EL gehackter Dill

4 EL gehackte glattblättrige Petersilie

60 g Feta, zerkrümelt

4 Eier, leicht verquirlt

150 g Mehl

Frisch gemahlener Pfeffer

Olivenöl zum Braten

NEUE KARTOFFELN MIT KRÄUTERN

In diesem traditionellen Rezept aus der Provence werden die Kartoffeln mit Knoblauch und Kräutern gekocht, deren Würze sie durch die Schale aufnehmen.

FÜR 4 PERSONEN

Die Kartoffeln waschen und gründlich bürsten. In einem Topf mit Wasser bedecken und die restlichen Zutaten bis auf das Öl und den Pfeffer zufügen.

Die Kartoffeln bei schwacher Hitze gar kochen. Bis zum Servieren im Kochwasser liegen lassen, damit sie das Aroma der Würzzutaten in sich aufnehmen.

Abgießen und heiß oder kalt servieren. Beim Anrichten mit etwas Olivenöl beträufeln und mit Salz und Pfeffer bestreuen. Die Kräuter und Knoblauchknollen mitservieren.

ZUCCHINIKÜCHLEIN

Gemüseküchlein sind im ganzen Vorderen Orient überaus beliebt.

FÜR 4 PERSONEN

Die Zucchini mit Salz bestreuen, 30 Minuten ziehen lassen; abtropfen lassen und trockentupfen. Sie mit allen Zutaten vermengen und mit Salz und Pfeffer abschmecken.

0,5 cm hoch Öl in eine große Pfanne füllen und erhitzen. Die Zucchinimischung esslöffelweise in das heiße Öl geben und flach drücken. 2 Minuten braten, dann wenden und die andere Seite 3 Minuten bräunen. Herausnehmen und auf Küchenpapier abtropfen lassen. Warm servieren.

750 g mehlig kochende Kartoffeln
(etwa 4 große)

Salz und frisch gemahlener Pfeffer

6 EL natives Olivenöl extra

4 EL gehackte glattblättrige
Petersilie

KARTOFFELPÜREE MIT OLIVENÖL UND PETERSILIE

Dieses Gericht schmeckt warm oder kalt und passt besonders gut zu Fisch.

FÜR 4 PERSONEN

Die Kartoffeln schälen, waschen und in Salzwasser weich kochen. Abgießen und dabei vom Kochwasser etwa 100 ml zurückbehalten.

Die Kartoffeln zerdrücken. Das Olivenöl unterschlagen. Die Masse mit Salz und Pfeffer abschmecken und so viel Kochwasser unterrühren, dass ein weiches, saftiges Püree entsteht. Die Petersilie untermischen und heiß servieren.

VARIATION

3 EL Kapern oder entkernte, gehackte Oliven untermischen.

---

1 Zwiebel, gehackt

2 EL natives Olivenöl extra

2 Knoblauchzehen, gehackt

400 g Tomaten (etwa 5–6 Stück),
enthäutet und gehackt

2 TL Zucker

Salz und frisch gemahlener Pfeffer

2 Thymianzweige, die Blätter
gehackt

750 g neue Kartoffeln, in 2 cm
große Würfel geschnitten

Etwa 200 ml Gemüsebrühe
(1/2 Brühwürfel in 200 ml Wasser
auflösen)

2 EL gehackte glattblättrige
Petersilie

KARTOFFELN IN FRISCHER TOMATENSAUCE

Dieses Gericht habe ich in der Provence entdeckt.

FÜR 4 PERSONEN

Die Zwiebel in dem Öl goldgelb anschwitzen. Den Knoblauch unter Rühren mitschwitzen, bis er zu duften beginnt.

Die Tomaten, den Zucker, Salz, Pfeffer und den Thymian zufügen, etwa 15 Minuten köcheln lassen. Die Kartoffeln zugeben, mit der Brühe bedecken und im offenen Topf leise köcheln lassen, bis die Kartoffeln weich sind und die Sauce sämig eingekocht ist. Die Petersilie unterrühren und heiß servieren.

375 g frischer Spinat

150 ml Sahne oder Crème double

1 großes Ei

Salz und frisch gemahlener Pfeffer

Butter für die Form

VARIATION

Lecker schmeckt auch folgende Spinatbeilage, die schnell zubereitet ist: 1 zerdrückte Knoblauchzehe in 1 EL Sonnenblumenöl anbraten und die gewaschenen Spinatblätter darin zusammenfallen lassen. Crème double einrühren und den Spinat mit Salz, Pfeffer und einer Prise Muskat würzen.

SPINATMOUSSE

Diese wunderbar sahnige französische Spinatmousse kann als Beilage zu Fisch oder – mit frischer Tomatensauce (Seite 218) und Parmesan – als Vorspeise serviert werden. Sie schmeckt warm mit einer warmen Sauce genauso köstlich wie kalt mit einer kalten Sauce.

FÜR 4 PERSONEN

Den Ofen auf 180 °C vorheizen.

Den Spinat waschen; nur die harten Stiele entfernen. Abtropfen lassen und überschüssiges Wasser ausdrücken. In einem geschlossenen Topf bei schwacher Hitze garen, bis der Spinat zusammenfällt. (Er dünstet in dem Wasser, das noch an den Blättern haftet.) Abtropfen lassen und den Saft ausdrücken. Im Mixer pürieren.

Die Sahne oder Crème double, das Ei, etwas Salz und Pfeffer zufügen und zu einer leichten, glatten Creme mixen. In eine gut gebutterte, ofenfeste Auflauf- oder Kuchenform (am besten beschichtet) mit 20 cm Durchmesser füllen und 30 Minuten backen, bis sich die Oberfläche der Mousse fest anfühlt. Stürzen, solange sie noch heiß ist – sie sollte leicht aus der Form gleiten.

500 g getrocknete weiße Bohnen,
2 Stunden in Wasser eingeweicht

1 mittelgroße Möhre, längs in
4 Scheiben geschnitten

1 mittelgroße Zwiebel, geviertelt

Einige Sellerieblätter

2 Knoblauchzehen, geschält

2 mittelgroße Tomaten, enthäutet
und grob gehackt

2 Rosmarinzweige

1 Lorbeerblatt

Frisch gemahlener Pfeffer

Salz

Natives Olivenöl extra

WEISSE-BOHNEN-TOPF

*Dies ist eine gute heiße oder kalte Beilage zu Eierspeisen,
Flans, Gratins und Fisch. Das Gemüse und die Kräuter verleihen
den Bohnen ein köstliches Aroma.*

FÜR 6 PERSONEN

Die Bohnen abgießen und mit den restlichen Zutaten außer
Salz und dem Öl in einem Topf mit Wasser bedecken. Etwa
1 Stunde köcheln lassen, bis die Bohnen weich sind. Gegen
Ende der Garzeit salzen.

Überschüssige Flüssigkeit abgießen. Mit einem Schuss
Olivenöl heiß oder kalt servieren.

500 g Zucchini (etwa 3–4
größere), in dünne Scheiben
geschnitten

1 Knoblauchzehe, fein gehackt

4 EL mildes natives Olivenöl extra
oder Sonnenblumenöl

Salz und frisch gemahlener Pfeffer

2 TL getrocknete Minze

Saft von $1/2$ Zitrone (nach Belieben)

GEBRATENE ZUCCHINI

*In Öl gebratene Zucchini schmecken viel besser als
gedünstete. Durch die Röststoffe erhalten die geschmacksneutralen
Zucchini einen nussigen Geschmack. Sie können sie heiß,
aber auch kalt servieren, mit Zitronensaft gewürzt.*

FÜR 4–6 PERSONEN

In einer großen Pfanne die Zucchini mit dem Knoblauch bei
mittlerer Hitze in dem Öl anbraten, salzen und pfeffern.
Zwischendurch einige Male wenden und braten, bis die
Scheiben weich sind.

Gegen Ende der Garzeit die Minze zufügen. Falls gewünscht, mit Zitronensaft abschmecken.

LINKS: *Weiße-Bohnen-Topf*

1 Knoblauchzehe, zerdrückt

4–5 EL natives Olivenöl extra

8 tiefgefrorene Artischockenherzen oder -böden, aufgetaut und in Scheiben geschnitten

4 mittelgroße neue Kartoffeln, gekocht, geschält und in Scheiben geschnitten

Salz und frisch gemahlener Pfeffer

GEBRATENE ARTISCHOCKENHERZEN MIT KARTOFFELN

Am einfachsten lässt sich dieses Gericht aus tiefgefrorenen Artischocken zubereiten, die es in arabischen Lebensmittelgeschäften zu kaufen gibt. Als Beilage oder als aparte Vorspeise servieren.

FÜR 4 PERSONEN

Den Knoblauch bei schwacher Hitze einige Sekunden in dem Öl anbraten, dabei ständig rühren. Die Artischocken unter Rühren mitbraten, bis sie weich sind. Die Kartoffeln zufügen, salzen, pfeffern und unter Rühren noch einige Minuten heiß werden lassen. Sofort servieren.

400 g Okraschoten, am besten junge, kleine

1 mittelgroße Zwiebel, halbiert und in Scheiben geschnitten

3 EL Pflanzenöl oder mildes natives Olivenöl extra

2 Knoblauchzehen, gehackt

4 mittelgroße Tomaten, enthäutet und gehackt

Salz und frisch gemahlener Pfeffer

Saft von $1/2$ Zitrone

1–2 TL Zucker

Kleines Bund glattblättrige Petersilie oder Koriandergrün, gehackt

OKRASCHOTEN IN TOMATENSAUCE

Okra sind im östlichen Mittelmeerraum ein ausgesprochen beliebtes Gemüse. Doch im Gegensatz zu Auberginen, für die vor allem die Türkei hundert verschiedene Zubereitungsarten kennt, wird bamia fast immer mit Zwiebeln und Tomaten gekocht. Heiß mit Reis servieren oder kalt als erfrischenden Snack.

FÜR 4 PERSONEN

Die kegelförmigen Stielansätze der Okraschoten zurückschneiden; das Gemüse waschen und abtropfen lassen.

Die Zwiebel bei Mittelhitze in dem Öl goldgelb anschwitzen. Den Knoblauch kurz mitschwitzen. Die Okraschoten darin etwa 5 Minuten andünsten, dabei mehrmals wenden. Die Tomaten, Salz, Pfeffer, Zitronensaft und, je nach Geschmack, Zucker zufügen; 15 Minuten köcheln lassen. Vor dem Servieren die Kräuter unterrühren.

RECHTS: *Okraschoten in Tomatensauce*

1 große Zwiebel, in
Scheiben geschnitten

3 EL Erdnuss- oder
anderes Pflanzenöl

500 g Kürbis, in 2 cm
große Würfel
geschnitten

Salz und viel frisch
gemahlener Pfeffer

1 TL Zucker oder mehr
(nach Belieben)

1 TL Zimt

3 EL Rosinen

3 EL Pinienkerne

KÜRBIS MIT ROSINEN UND PINIENKERNEN

Die glückliche Verbindung von Rosinen und Pinienkernen ist eine arabische Spezialität, die in die Mittelmeerküche bis hin nach Spanien und Sizilien Eingang gefunden hat. Dieser Garnitur begegnet man bei Reis, Bulgur und vielen anderen Gerichten. Sie harmoniert wunderbar mit dem Kürbis in diesem nordafrikanischen Gericht, das eine vegetarische Mahlzeit um eine mild-süße Note ergänzen kann.

FÜR 4 PERSONEN

In einer großen Pfanne die Zwiebel bei Mittelhitze in dem Öl anschwitzen, bis sie weich und goldgelb ist, dabei gelegentlich umrühren.

Den Kürbis zufügen und bei schwacher Hitze 5 Minuten unter Wenden andünsten.

Salz, Pfeffer, Zucker, Zimt und die Rosinen zufügen, einen fest schließenden Deckel auflegen. Den Kürbis in etwa 20 Minuten weich schmoren, dabei gelegentlich wenden. Der Kürbis gart im eigenen Saft.

Die Pinienkerne in einer dünn mit Öl eingepinselten Pfanne oder ganz ohne Fett hellbraun rösten. Die Pfanne rütteln, damit die Kerne gleichmäßig bräunen.

Den Kürbis heiß oder kalt servieren, mit den Pinienkernen bestreut.

FISCH UND MEERESFRÜCHTE

Fisch wird im Mittelmeerraum zum großen Teil gegrillt, gebraten, geschmort oder pochiert und dann mit einem Dressing oder einer Sauce serviert. Wählen Sie einen Fisch aus und garen Sie ihn nach einem der Rezepte auf den Seiten 150–163. Reichen Sie dazu eine der Marinaden, Dressings oder Saucen auf den Seiten 144–150. Beliebte Mittelmeerfische sind zum Beispiel Wolfsbarsch, Goldbrassen, Seezunge, Knurrhahn, Petersfisch, Rote Meerbarbe, Seehecht und Thunfisch. Die meisten sind leicht erhältlich; Sie können aber auch Fische aus anderen Fanggebieten nehmen, zum Beispiel Kabeljau, Schellfisch, Heilbutt, Schnapper und Wels.

Saft von 1 Zitrone

6 EL natives Olivenöl extra

Salz und frisch gemahlener Pfeffer

3 EL fein gehackte glattblättrige
Petersilie

ÖL-ZITRONEN-DRESSING

*Dies ist in den Mittelmeerländern das Standarddressing
für Fisch, das immer und überall passt.*

FÜR 4 PERSONEN

Die Zutaten in einer kleinen Schüssel kalt vermischen und
über den Fisch gießen.

---

125 ml mildes natives Olivenöl
extra

Saft von 1/2 Zitrone

4 mittelgroße Tomaten, enthäutet
und gewürfelt

Salz und frisch gemahlener Pfeffer

1–1 1/2 TL Zucker

WARMES ZITRONEN-TOMATEN-DRESSING

*Das Dressing wird durch das Erhitzen sämig.
Besonders köstlich zu gegrilltem Fisch.*

FÜR 4 PERSONEN

Das Öl, den Zitronensaft und die Tomaten mit Salz, Pfeffer
und Zucker in einen Topf geben und kurz erhitzen.

---

3 mittelgroße Tomaten, enthäutet

1/2–1 kleine rote Chilischote

1 Knoblauchzehe, zerdrückt

2,5 cm frischer Ingwer, gerieben
(oder nur den Saft davon, in der
Knoblauchpresse ausgedrückt)

1/2 rote Zwiebel, fein gehackt

Saft von 1/2 Limette oder Zitrone

4 EL natives Olivenöl extra

Salz und frisch gemahlener Pfeffer

1 TL Zucker

ROHE TOMATENSAUCE

*Diese würzige, frische Sauce schmeckt köstlich zu mariniertem
und zu kaltem Fisch.*

FÜR 4 PERSONEN

Die Tomaten und die Chilischote fein hacken. Mit den restlichen Zutaten verrühren und abschmecken.

1 großes Bund Koriandergrün, gehackt

4 Knoblauchzehen, zerdrückt

1 TL gemahlener Kreuzkümmel

1 TL Paprikapulver

1/4–1/2 TL Chilipulver (nach Belieben)

Saft von 1 Zitrone oder
3 EL Weißweinessig

6 EL Erdnussöl oder mildes natives Olivenöl extra

CHERMOULA

Diese scharf-würzige Sauce mit dem intensiven Knoblauchgeschmack ist in Marokko die allgegenwärtige Begleiterin von Fischgerichten. Sie passt zu allen Fischarten jedweder Zubereitung (gebraten, gegrillt, im Ofen gegart oder gedünstet). In der Hälfte der hier angegebenen Menge marinieren Sie den Fisch vor dem Garen 30 Minuten, den Rest gießen Sie vor dem Servieren als Sauce darüber.

FÜR 4 PERSONEN

Koriandergrün, Knoblauch, die Gewürze und den Zitronensaft oder Essig im Mixer pürieren. Das Öl nach und nach einlaufen lassen.

2 Knollen Knoblauch, am besten junge mit dicken Zehen

1/4 l trockener Weißwein

2 EL natives Olivenöl extra

Salz und frisch gemahlener Pfeffer

KNOBLAUCHMUS

In der Provence kennen die Köche viele Methoden, um Knoblauch in eine milde, zarte Köstlichkeit zu verwandeln. Dieses purée d'ail, *bei dem der Knoblauch in Weißwein gegart wird, schmeckt wunderbar zu Fisch aller Art. Ich habe Knoblauchmus zu gebratenem Wittlingfilet wie auch zu gegrilltem Goldbrassen ausprobiert. Vor dem Servieren den Fisch damit bestreichen.*

FÜR 4–6 PERSONEN

Die Knoblauchzehen schälen und 15–20 Minuten im Wein köcheln lassen, bis sie sehr weich sind. Abgießen und mit einer Gabel fein zerdrücken. Anschließend das Öl und etwas Salz und Pfeffer unterrühren.

1 sehr großes Bund glattblättrige Petersilie, von den Stengeln befreit

75 g Pinienkerne

5 kleine saure Gurken

8 grüne Oliven, entsteint

3 Knoblauchzehen, zerdrückt

3 EL Weißweinessig oder der Saft von 1/2 Zitrone

Salz und frisch gemahlener Pfeffer

Etwa 1/2 l mildes natives Olivenöl extra

SALSA VERDE

Diese italienische Kräutersauce ist eine gute Beigabe zu mariniertem oder pochiertem Fisch, der kalt serviert wird. Die Sauce hält sich gut in einem Glas, versiegelt mit einer schützenden Ölschicht.

FÜR 6 PERSONEN

Alle Zutaten bis auf das Öl im Mixer pürieren, nach und nach so viel Öl zugießen, dass eine cremige Paste entsteht.

1 Scheibe Weißbrot, Rinde entfernt

175 g Pinienkerne

Saft von 1–2 Zitronen

1–2 Knoblauchzehen, zerdrückt

Salz und frisch gemahlener weißer Pfeffer

120 ml Sesam- oder anderes Pflanzenöl

TARATOR

Diese mit Zitrone aromatisierte Pinienkernsauce ist oft auf arabischen Festbuffets anzutreffen: Ein großer, pochierter Fisch, fertig enthäutet, entgrätet und wieder in seine ursprüngliche Form gebracht, thront, mit Tarator bestrichen, auf der Tafel. Servieren Sie kalten Fisch mit einem Tupfer dieser Sauce.

FÜR 6 PERSONEN

Das Brot kurz in Wasser einweichen und ausdrücken. Mit den Pinienkernen, dem Zitronensaft, dem Knoblauch und etwas Salz und Pfeffer im Mixer pürieren und dabei so viel Öl zugießen, dass eine cremige Sauce von mayonnaise-artiger Konsistenz entsteht.

RECHTS: *Heilbutt, pochiert in Weißwein (Rezept Seite 160), mit Salsa verde*

2 rote Paprikaschoten

500 g Tomaten (etwa 6 mittelgroße)

1 große Scheibe Weißbrot
(Rinde entfernt)

5 EL natives Olivenöl extra

3 Knoblauchzehen, zerdrückt

100 g blanchierte Mandeln

Saft von $^1/_2$ Zitrone oder mehr

$^1/_4$ rote Chilischote

Salz und frisch gemahlener Pfeffer

ROMESCO

Ich liebe diese Sauce aus gegrillten Paprikaschoten und gerösteten Mandeln. Dieses Rezept ist eine Annäherung an die berühmte spanische Originalsauce aus den dunklen weinroten nora-Paprika, die süßlich schmecken und eine leichte Schärfe besitzen. Mit ihrem üppig nussigen, pikanten Aroma ist Romesco eine köstliche Beigabe zu Fisch wie zu Gemüse. Sie hält sich gut im Glas, versiegelt mit einer Schicht Olivenöl. Zu gegrilltem, gedämpftem oder gebratenem Fisch und Meeresfrüchten, aber auch zu Fischeintöpfen und -suppen servieren.

FÜR 12 PERSONEN

Die Paprikaschoten und die Tomaten im Ofen grillen und enthäuten (Seite 216). Von den Paprikaschoten die Stielansätze, Samen und Scheidewände entfernen.

Das Brot in 2 Esslöffel Öl bei Mittelhitze goldbraun braten, dabei einmal wenden. Den Knoblauch unter Rühren mitbraten, bis er zu bräunen beginnt.

Die Mandeln ohne Fett in einer Pfanne rösten, dabei mehrmals rütteln, damit sie gleichmäßig bräunen.

Das Brot, den Knoblauch, die Mandeln, das restliche Öl, den Zitronensaft und die Chilischote im Mixer zu einer Paste pürieren. Die Paprikaschoten, Tomaten, Salz und Pfeffer zufügen, zu einer cremigen Sauce mixen.

In einer Schüssel servieren und herumreichen, sodass sich jeder selbst nehmen kann.

VARIATION

Sie können auch blanchierte Haselnüsse oder eine Mischung aus Mandeln und Haselnüssen verwenden.

RECHTS: *Gegrillter Thunfisch (Rezept Seite 157) mit Romesco*

250 g Zwiebeln (2 mittelgroße),
halbiert und in Scheiben
geschnitten

2 EL natives Olivenöl extra

2 Lorbeerblätter

1 Thymianzweig

1 Rosmarinzweig

1 EL Honig

1 TL Weißweinessig

Salz und reichlich frisch
gemahlener Pfeffer

ZWIEBEL-»FONDANT« MIT HONIG

Als Beilage oder als Füllung für Fisch verwenden.
Das Zwiebel-»Fondant« (die Zwiebeln sind so weich, dass sie auf
der Zunge zergehen, daher der Name) schmeckt süß,
daher beträufeln Sie den Fisch zum Ausgleich am besten mit
einem säuerlichen Öl-Zitronen-Dressing.

FÜR 4 PERSONEN

Die Zwiebeln mit dem Öl, den Lorbeerblättern, dem Thymian und dem Rosmarin im geschlossenen Topf bei sehr schwacher Hitze etwa 30 Minuten garen, dabei gelegentlich umrühren, bis die Zwiebeln sehr weich sind und beginnen, Farbe anzunehmen. Sie sollten weniger braten als im eigenen Saft schmoren.

Den Honig, den Essig, Salz und Pfeffer zufügen. Ohne Deckel bei Mittelhitze noch etwa 10 Minuten köcheln lassen, bis der größte Teil der Flüssigkeit verdampft ist.

GEFÜLLTER FISCH

FÜR 4 PERSONEN

Bitten Sie den Fischhändler, einen Goldbrassen oder Wolfsbarsch von etwa 1,5 kg zu schuppen, auszunehmen und durch den Rücken zu entgräten. Oder lassen Sie den Fisch so filetieren, dass der Kopf an einem der Filets erhalten bleibt. Den Fisch mit 2–3 Esslöffel nativem Olivenöl extra einpinseln und innen und außen leicht pfeffern und salzen. Mit Zwiebel-»Fondant« oder Knoblauchmus (Seite 145) füllen und in eine ofenfeste Form legen. Mit dem Saft von $^{1}/_{2}$ Zitrone oder etwa 4 Esslöffeln trockenem Weißwein beträufeln. 5–6 Minuten unter den Grill schieben, bis die Haut knusprig braun ist. Dann im auf 190 °C vorgeheizten Ofen 20–25 Minuten garen, bis sich das Fleisch mit einem spitzen Messer leicht zerpflücken lässt.

1 Wolfsbarsch oder Goldbrassen von etwa 2,5 kg

6 EL mildes natives Olivenöl extra

Salz und frisch gemahlener Pfeffer

Saft von 1 Zitrone

6 EL trockener Weißwein

FISCH, IM OFEN GEGART

Für dieses Rezept eignet sich jeder große Fisch. Der vornehmste Mittelmeerfisch ist der Wolfsbarsch, der in Frankreich Loup de mer *heißt. Doch auch ein großer Goldbrassen (Dorade) schmeckt auf diese Weise wunderbar.*

FÜR 8 PERSONEN

Den Ofen auf 190 °C vorheizen.

Den Fisch mit 1–2 Esslöffel Olivenöl einpinseln und innen und außen leicht salzen und pfeffern.

Zusammen mit einer Mischung aus dem Zitronensaft, dem restlichen Öl und dem Weißwein in eine ofenfeste Form legen.

5–6 Minuten unter den Grill schieben, bis die Haut knusprig braun ist. Anschließend etwa 35 Minuten im Ofen garen, bis sich das Fleisch mit einem spitzen Messer leicht von den Gräten lösen lässt.

VARIATION

In Marokko wird der Fisch vor dem Garen im Ofen gern 30 Minuten in folgende Marinade eingelegt: 1 Bund Koriandergrün, 1 Bund glattblättrige Petersilie, 3 zerdrückte Knoblauchzehen, Salz, 6 EL natives Olivenöl extra, $^{1}/_{2}$–1 TL gemahlenen Ingwer und $^{1}/_{4}$–$^{1}/_{2}$ TL gemahlenen Safran im Mixer pürieren.

152

RECHTS: *Ein Brassen, gefüllt*
mit Zwiebel-»Fondant« mit Honig
(Rezept Seite 150) und im Ofen gegart

2 Lachsfilets von zusammen
etwa 1 kg

4 EL grobes Meersalz

200 ml mildes natives
Olivenöl extra

Saft von 1 Zitrone

1 großes Bund gemischte Kräuter
(Kerbel, Schnittlauch und Dill),
gehackt

VARIATIONEN

Der Fisch schmeckt auch
ausgezeichnet mit einer Marinade nur aus Kräutern und
Olivenöl, ohne Zitronensaft.

Dazu eine Sauce reichen:
Salsa verde (Seite 146), Aïoli
(Seite 220) oder Tarator (Seite
146). Apart dazu ist Rohe
Tomatensauce (Seite 144).

TIPP

Nehmen Sie kein feines Speise-
salz, da es in den Fisch ein-
dringt und ihn zu salzig macht,
statt den Saft herauszuziehen.

MARINIERTER FISCH

*Leicht in Salz eingelegter, anschließend in Olivenöl, Zitronensaft
und Kräutern marinierter Fisch hat in den Mittelmeerländern
Tradition. Früher wurden viele Arten von Fisch dafür verwendet,
heute hat sich in Frankreich der – nicht im Mittelmeer
beheimatete – Lachs durchgesetzt. Beginnen Sie am Vorabend,
und nehmen Sie nur allerfrischesten Fisch.*

FÜR 10 PERSONEN

Die Lachsfilets sorgfältig von kleinen Gräten befreien (am
besten mit einer Pinzette). Auf der Haut- wie auf der
Innenseite mit dem Salz bestreuen.

Die Filets wieder zum ganzen Fisch zusammenlegen. In
einer tiefen, mit Plastikfolie abgedeckten Schale, in der die
austretende Flüssigkeit Platz hat, etwa 12 Stunden im Kühlschrank ruhen lassen. Sobald der Saft auszutreten beginnt,
den Lachs einmal wenden.

Das Salz mit dem Holzschaber abkratzen, den Fisch mit
Küchenpapier abwischen, unter fließendem kaltem Wasser
abspülen. Ein Stückchen probieren: Schmeckt es zu salzig,
den Lachs so lange in frischem Wasser ziehen lassen, bis das
überschüssige Salz entfernt ist. Das Öl mit dem Zitronensaft und den Kräutern vermischen und auf den Boden
von 1–2 großen, tiefen Platten verteilen. Die Lachsfilets mit
der Fleischseite nach unten darauf legen, mit Klarsichtfolie
abdecken, 3 Stunden im Kühlschrank marinieren.

Vor dem Servieren quer zur Faser schräg in Scheiben
schneiden – sowohl hauchdünne als auch ziemlich dicke
Scheiben schmecken köstlich.

FISCHFILET, SCHONEND GEBRATEN

Die Franzosen haben momentan ein besonderes Faible für Fischfilet, das in einer großen,
schweren Pfanne, einer spanischen plancha *oder auf einer dicken Metallplatte, eingefettet mit einem*
Hauch Öl, gebraten wird. Diese Zubereitungsart heißt in Frankreich poêlé. *Man brät dabei*
den Fisch nur auf der Hautseite – so bleibt er wunderbar saftig. Jedes Fischfilet mit Haut,
ob groß oder klein, ist geeignet. Wolfsbarschfilets und ganze Lachsseiten lassen sich hervorragend auf
diese Weise braten. Schneiden Sie die Haut an dickeren Stellen ein, damit sich das Filet nicht
zusammenrollt und der Fisch gleichmäßig gart.

Die Pfanne oder Metallplatte einölen und stark erhitzen, bis das Öl fast zu rauchen beginnt. Den Fisch mit Öl einpinseln und mit Salz bestreuen. Mit der Hautseite nach unten in die Pfanne legen und ohne Deckel bei Mittelhitze braten. Der Fisch gart langsam von unten nach oben; er ist fertig, wenn das Fleisch auch an der Oberfläche seine Transparenz verloren hat und sich leicht zerpflücken lässt. Dünne Filets vertragen starke Hitze, dickere Filets gart man am besten behutsamer bei schwächerer Hitze. Die Garzeit eines dicken Lachsfilets kann über 20 Minuten betragen. Wer mag, kann den Fisch zum Schluss oben mit Öl bestreichen und einige Sekunden unter den Grill schieben.

Wenn Sie keine sehr große Pfanne oder *plancha* besitzen, teilen Sie große Filets in handlichere Stücke.

Mit Petersilie bestreuen und mit einer Sauce servieren, zum Beispiel mit Salsa verde (Seite 146), Romesco (Seite 148), Aïoli (Seite 220), Tarator (Seite 146), Roher Tomatensauce (Seite 144) oder Zwiebel-»Fondant« mit Honig (Seite 150).

GEGRILLTER FISCH

Das Grillen über Holzkohlenglut ist im Mittelmeerraum eine uralte Form der Zubereitung, die ihren Reiz nie verliert.

Als Fischsteaks eignen sich Scheiben vom Thunfisch, der zur Zeit besonders beliebt ist, Schwertfisch, Seehecht, Steinbutt, Kabeljau, Schellfisch oder Heilbutt. Den Fisch einfach mit Olivenöl einpinseln und mit Salz und frisch gemahlenem Pfeffer bestreuen. In etwa 5 cm Abstand von der Hitzequelle auf einem gut eingeölten Rost über die Glut legen oder im Ofen unter den Grill schieben. Auf jeder Seite 2–4 Minuten grillen. Der Fisch ist gar, wenn sich das Fleisch beim Einstechen mit einem spitzen Messer leicht von den Gräten löst. Wichtig: Nicht zu lange garen! Thunfisch schmeckt am besten, wenn er bei starker Hitze (in der Nähe der Glut) außen rasch angebräunt und innen nicht ganz durchgegart wird.

Als ganze Fische grillt man am besten kleine oder mittelgroße Goldbrassen, Knurrhahn, Rote Meerbarben, Sardinen und Plattfische wie Seezunge. Lassen Sie die Fische schuppen und ausnehmen, die Köpfe aber nicht abtrennen. Mit nativem Olivenöl extra einpinseln, salzen und pfeffern. Je nach Größe auf jeder Seite 2–5 Minuten grillen. Als Garprobe in einen der Fische mit einem spitzen Messer einstechen.

Als Filets (größere Fische entlang der Mittelgräte halbiert) nehmen Sie zum Grillen Wolfsbarsch, Goldbrassen, Seehecht, Schwertfisch, Steinbutt oder Lachs. Die Haut nicht ablösen. Mit nativem Olivenöl extra einpinseln, pfeffern und salzen. Nur auf der Hautseite grillen, aber nicht zu nahe an der Hitzequelle – nicht wenden, sonst trocknet der Fisch aus. Er gart trotzdem durch.

Gegrillten Fisch mit einem Dressing übergießen oder mit einer Sauce servieren. Immer passt Öl-Zitronen-Dressing (Seite 144), das Sie nach Belieben noch mit gehackten Kräutern wie Fenchelgrün, Thymian, Majoran, Oregano oder Estragon würzen können; oder versuchen Sie es mit Warmem Zitronen-Tomaten-Dressing (Seite 144). Als Beigabe können Sie alle Saucen reichen, die auf den Seiten 144–150 vorgestellt werden, sowie Zitronenschnitze.

FRITTIERTER FISCH

In den arabischen Ländern ist das Frittieren von Fisch die beliebteste Zubereitungsart überhaupt. Im frühen Mittelalter brachten die Araber diese Garmethode nach Spanien und Sizilien. Die Süditaliener sind stolz auf ihre ausgezeichneten fritti misti, *eine bunte Fischpalette mit Rotbrassen, Sardinen, Anchovis, Weißfisch, Seezungenfilet, jungem Seehecht, kleinen Tintenfischen und großen Garnelen. Die Andalusier sind wohl die Weltmeister im Frittieren von Fisch und Meeresfrüchten aller Art. Heute wird diese Garmethode oft mit Skepsis betrachtet, doch das Ergebnis ist so köstlich, dass sich das Ausprobieren lohnt.*

Damit das Frittieren gelingt, beachten Sie bitte folgende Regeln:

- Frittieren Sie den Fisch in Olivenöl, das hohe Temperaturen verträgt (Sie können es durchfiltern und für den nächsten Fisch wieder verwenden). Die Ölmenge muss ausreichen, um den Fisch zu bedecken, und die Temperatur sollte konstant gehalten werden. Beginnen Sie stets bei starker Hitze, um das Bratgut zu versiegeln, und schalten Sie dann, falls nötig, auf eine mittlere Temperatureinstellung zurück.
- Verwenden Sie einen großen, tiefen Topf, damit das Öl nicht überschäumen kann.
- Frittieren Sie immer Fische von ungefähr derselben Größe.
- Salzen Sie den Fisch innen und außen, und bestauben Sie ihn auf allen Seiten mit Mehl.
- Kleine Fische dürfen nur kurz bei starker Hitze frittiert werden, damit sie knusprig und braun werden, aber innen saftig bleiben.
- Größere Fische brauchen länger (3–4 Minuten je Seite) und müssen bei schwächerer Hitze frittiert werden, damit sie durchgaren, bevor die Haut verbrennt.
- Fischsteaks oder -filets wälzt man am besten zuerst in gewürztem Mehl, dann in leicht verquirltem Ei; so sind sie zusätzlich geschützt.
- Beim Frittieren wird das Bratgut nur einmal gewendet, dann herausgehoben. Auf Küchenpapier abtropfen lassen.
- Garnelen, Tintenfisch (Kalmar) und fleischige Muscheln werden vor dem Frittieren meist in Ausbackteig getaucht. Folgendes Teigrezept reicht für 500 g Meeresfrüchte (für 4 Personen): 120 g Mehl mit 1 Teelöffel Backpulver, $^1/_2$ Teelöffel Salz, 2 Esslöffel Olivenöl und 150 ml Wasser kräftig verrühren. 30 Minuten ruhen lassen.

150 ml trockener Weißwein

150 ml Wasser

2 Lorbeerblätter

Einige Stengel glattblättrige Petersilie

Etwas Salz und frisch gemahlener weißer Pfeffer

1 Prise Safran (nach Belieben)

4 Fischsteaks oder -filets

VARIATION

Einfach und köstlich ist diese italienische Art des Pochierens: 1 gehackte Knoblauchzehe bei schwacher Hitze in 4 EL nativem Olivenöl extra anbraten. 150 ml trockenen Weißwein und 2 klein geschnittene Tomaten einrühren. Zum Kochen bringen, die Fischfilets einlegen und 5 Minuten ziehen lassen. Mit 1 EL gehackter glattblättriger Petersilie bestreuen und in Suppentellern mit etwas Pochierflüssigkeit servieren.

FISCH, POCHIERT IN WEISSWEIN

Pochierter Fisch – als Filet oder Steak – kann heiß oder kalt serviert werden. Jeder weißfleischige Fisch ist zum Pochieren geeignet. Der Safran trägt einen Hauch des Südländischen bei; Sie werden ihm in verschiedenen Mittelmeerländern immer wieder begegnen.

FÜR 4 PERSONEN

Alle Zutaten bis auf den Fisch in einen Topf füllen, der so groß ist, dass die Fischstücke nebeneinander hineinpassen. Zum Kochen bringen, dann die Hitze herunterschalten, sodass die Flüssigkeit nur noch simmert.

Den Fisch darin in 3–6 Minuten behutsam gar ziehen lassen, je nach Dicke und Sorte, bis das Fleisch seine Transparenz verloren hat und sich beim Einstechen mit der Messerspitze zerpflücken lässt.

Mit Öl-Zitronen-Dressing (Seite 144) anrichten.

Dazu eine Sauce Ihrer Wahl reichen: Salsa verde (Seite 146), Rohe Tomatensauce (Seite 144), Knoblauchmus (Seite 145), Mayonnaise oder Aïoli (Seite 220) oder Tarator (Seite 146).

4 Fischfilets

25 g Butter

1 EL Sonnenblumen- oder anderes Pflanzenöl

Salz und frisch gemahlener Pfeffer

Würzzutaten (siehe unten)

WÜRZZUTATEN

MAROKKO: $1/3$ TL gemahlenen Ingwer und $1/4$ TL Safran zum Fett in die Pfanne geben.

Oder $1/2$–1 Stück eingelegte Zitronenschale (Seite 219), abgespült und klein geschnitten, 8–12 grüne Oliven (falls gewünscht, entsteinen) und 2 EL Kapern zufügen.

GANZ NORDAFRIKA: 1 großes Bund Koriandergrün hacken, zusammen mit 1 TL gemahlenem Kreuzkümmel, 1 TL Paprikapulver, $1/4$ TL Cayennepfeffer und dem Saft von $1/2$ Zitrone zugeben.

SÜDFRANKREICH: 2–3 EL gehacktes Fenchelgrün und 1 EL Pastis unterrühren.

FISCH, IN DER PFANNE GEBRATEN

So lassen sich Fischfilets ganz schnell und einfach zubereiten. Ein weiterer Vorteil ist die Möglichkeit intensiven Würzens mit Kräutern und anderen aromatischen Zutaten.

FÜR 4 PERSONEN

Den Fisch in einer Mischung aus heiß aufschäumender Butter und Öl, aromatisiert mit Salz, Pfeffer und anderen Würzzutaten, etwa 5 Minuten braten, bis das Fleisch seine Transparenz verliert und sich zerpflücken lässt. Die Filets einmal wenden.

1 kg tiefgekühlter Blätterteig, aufgetaut

1 Ei, getrennt

2,5 kg Lachs oder Wolfsbarsch

3 EL Sonnenblumen- oder anderes Pflanzenöl

Saft von 1/2 Zitrone

Salz und frisch gemahlener weißer Pfeffer

FISCH IM TEIGMANTEL

Für diese Mittelmeerversion von poisson en croûte
*eignen sich Lachs und Wolfsbarsch; bitten Sie Ihren Fischhändler,
den Fisch für Sie zu filetieren und zu enthäuten.*

FÜR 8–10 PERSONEN

Die Hälfte der Teigblätter an den Rändern überlappend aneinander legen und zu einem langen, 2–3 mm dünnen Teigstück ausrollen. Eine Fischform mit Schwanz ausschneiden, etwas größer als der filetierte Fisch. Die Teigreste zum Dekorieren beiseite stellen.

Die Fischform auf ein feuchtes Backblech legen und an einem kühlen Ort 15 Minuten ruhen lassen. Mit Eiweiß bepinseln, damit der Teig später nicht durchweicht, und mit einer Gabel über die ganze Fläche einstechen, sodass der Teig gleichmäßig aufgeht.

Etwa 8 Minuten backen, bis der Teig knusprig und leicht gebräunt ist. Wenden, auf der anderen Seite mit Eiweiß bepinseln und noch einige Minuten weiterbacken, bis auch diese Seite zart gebräunt ist. Abkühlen lassen.

Den Ofen auf 230 °C vorheizen.

Die Fischfilets mit dem Öl und Zitronensaft bestreichen, salzen und pfeffern. Auf den gebackenen Teig legen.

Die restlichen Teigblätter ebenfalls zu einem einzigen, 2–3 mm dünnen Teigstück ausrollen, das groß genug ist, um den Fisch zu bedecken.

Den Teig über den Fisch legen und so zurechtschneiden, dass ringsum, auch um den Schwanz, ein etwa 2,5 cm breiter Rand übersteht.

Das gebackene Teigstück an den Kanten mit einem abgerundeten Messer anheben und die Ränder des Teigdeckels darunter schlagen; behutsam andrücken.

Als Dekoration mit einem Teelöffel Schuppen in den Teigdeckel eindrücken (sie können auch mit einem sehr kleinen runden Förmchen aus den Teigresten ausgestochen und überlappend Reihe für Reihe – am Schwanz beginnend – auf den Teigdeckel aufgelegt werden). Aus den Teigresten dünne Streifen schneiden und als Schwanzflosse, Bauch- und Rückenflossen auflegen; einen kleinen Kreis ausstechen und als Auge aufdrücken.

Den gesamten rohen Teig mit Eigelb bestreichen und 15 Minuten backen, bis er aufgegangen und goldgelb ist. Die Temperatur auf 150 °C herunterschalten, weitere 30 Minuten backen.

Wenn der Teig zu schnell bräunt, mit Alufolie oder leicht angefeuchtetem Pergament- oder Backpapier abdecken.

Dazu Frische Tomatensauce (Seite 218), und zwar die Variation mit Ingwer, oder Warmes Zitronen-Tomaten-Dressing (Seite 144) reichen.

4 Rote Meerbarben (insgesamt etwa 1 kg), geschuppt und ausgenommen, aber mit Kopf

4 Knoblauchzehen, gehackt

4 EL mildes natives Olivenöl extra

500 g reife Tomaten (etwa 6 Stück), enthäutet und gehackt

Salz und frisch gemahlener Pfeffer

1 1/2 TL Zucker

4 Zitronenscheiben

12 schwarze Oliven, entsteint (nach Belieben)

3 EL gehackte glattblättrige Petersilie

ROTE MEERBARBE IN TOMATENSAUCE

Dieses Gericht ist auch fürs Auge ein Genuss.

FÜR 4 PERSONEN

In einer großen Pfanne, in der die Fische nebeneinander Platz haben, den Knoblauch bei schwacher Hitze in dem Öl anschwitzen, bis er Farbe annimmt. Die Tomaten, Salz, Pfeffer, Zucker und die Zitronenscheiben zufügen und 10 Minuten leise köcheln lassen. Den Fisch und, falls gewünscht, die Oliven weitere 4 Minuten mitköcheln, bis sich das Fleisch leicht von den Gräten lösen lässt. Vor dem Servieren die Petersilie untermischen.

6 dicke Thunfischscheiben (je etwa 250 g)

1/8 l Chermoula (Rezept Seite 145)

1 kg Tomaten, enthäutet, entkernt und in feine Würfel geschnitten

4 EL gehackte glattblättrige Petersilie

Eingelegte Zitroneschale von 1 Zitrone (Rezept Seite 219), in feine Streifen geschnitten

18 scharf gewürzte schwarze Oliven, entsteint

2 EL Kapern, abgespült und abgetropft

THUNFISCH MIT TOMATENSAUCE

Dieses marokkanische Gericht wird noch aromatischer, wenn man die Tomatensauce mit 1 Teelöffel Ingwer und einigen Safranfäden würzt.

FÜR 6 PERSONEN

Den Fisch in eine große, ofenfeste Form legen und mit der Chermoulasauce übergießen. Zugedeckt 4 Stunden im Kühlschrank marinieren. Die Tomaten bei mittlerer Hitze in 15 Minuten zu einem dicken Püree einkochen, alle weiteren Zutaten unterrühren und 5 Minuten köcheln lassen.

Den Ofen auf 200 °C vorheizen. Die Tomtensauce auf den marinierten Fischscheiben verteilen. Die Form mit Alufolie abdecken und den Fisch 25 Minuten im Ofen garen. Direkt aus der Form servieren.

LINKS: *Rote Meerbarbe in Tomatensauce*

1 l Milch

1¹/₂ EL Tomatenmark

¹/₄ TL Safran

8 große Eier

Salz und frisch gemahlener
weißer Pfeffer

Butter für die Form

750 g Kartoffeln, geschält und in
dünne Scheiben geschnitten

1,5 kg Fischfilet, in 4 cm große
Würfel geschnitten

FÜR DIE SAUCE

4–5 Knoblauchzehen

¹/₂–1 rote Chilischote, Stielansatz,
Samen und Scheidewände entfernt
und fein gehackt, oder 1 kräftige
Prise Cayennepfeffer

2 EL Olivenöl

2 Dosen gehackte Tomaten
(je 400 g)

Salz

1–2 TL Zucker

FISCH-KARTOFFEL-FLAN MIT WÜRZIGER TOMATENSAUCE

*Aus der Provence stammt dieser zarte Flan, der auf der Zunge
zergeht und mit einer feurigen Sauce serviert wird. Dieses Gericht
lässt sich leicht in großen Mengen zubereiten. Sie können
eine einzige Fischsorte oder verschiedene weißfleischige Fische wie
Kabeljau und Schellfisch verwenden; auch Lachs ist geeignet.
Kaufen Sie Fischfilets, und lassen Sie sie enthäuten.*

FÜR MINDESTENS 8 PERSONEN

Den Ofen auf 180 °C vorheizen.

Die Milch in einem Topf bei Mittelhitze zum Kochen
bringen. Das Tomatenmark mit etwas Milch verdünnen und
mit dem Safran in die Milch im Topf einrühren.

Die Eier in einer Schüssel schaumig aufschlagen, verquirlen, nach und nach die heiße Milch untermischen. Mit
Salz und Pfeffer abschmecken.

Eine ofenfeste quadratische Form von etwa 35 cm Seitenlänge mit Butter einfetten. Den Boden mit Kartoffelscheiben
auskleiden, den Fisch darauf schichten und mit etwas Salz
bestreuen. Die Milch-Eier-Mischung darüber gießen.

Die Form in ein Blech mit hohem Rand stellen und bis
zur Höhe der Milch-Eier-Mischung mit heißem Wasser
füllen. In diesem Wasserbad den Flan 1–1¹/₄ Stunden im
Ofen garen, bis er fest wird.

Inzwischen für die Sauce den Knoblauch mit der Chilischote in dem Öl anbraten, bis sich der Duft entfaltet. Die
Tomaten, Salz und Zucker zufügen und 10 Minuten köcheln.

Den Flan mit der Tomatensauce heiß servieren.

FÜR DEN COUSCOUS

500 g Couscous

600 ml warmes Wasser

1/2–1 TL Salz

3–4 EL Erdnussöl oder anderes mildes Pflanzenöl

FÜR DEN FISCH

4–5 Knoblauchzehen, gehackt

3 EL Erdnuss- oder anderes Pflanzenöl

1 kg Eiertomaten, enthäutet und gehackt

Salz

2 TL Zucker

1–2 Chilischoten, Stielansätze, Samen und Scheidewände entfernt

2,5 cm frischer Ingwer, klein geschnitten

750 g Quitten (2 große)

1 kg Fischfilet, enthäutet

TIPP

Da Quitten sehr harte Früchte sind, brauchen Sie zum Zerkleinern ein großes, robustes Messer.

FISCHCOUSCOUS MIT QUITTEN

Dieser köstliche, marokkanisch inspirierte Couscous schmeckt am besten mit enthäuteten Filets von festfleischigen weißen Fischen wie Kabeljau, Schellfisch oder Wittling.

FÜR 8 PERSONEN

Den Ofen auf 200 °C vorheizen.

Den Couscous in einer ofenfesten Form einweichen und vorbereiten, wie auf den Seiten 93–94 beschrieben, die Form mit Alufolie verschließen und beiseite stellen.

Den Knoblauch in dem Öl anschwitzen, bis er Farbe annimmt. Die Tomaten, Salz, Zucker und die Chilischoten zufügen. Den Ingwer in Stücken in einer Knoblauchpresse über dem Topf ausdrücken, die Reste wegwerfen. Bei schwacher Hitze köcheln lassen. Die Quitten schälen, entkernen, in Scheiben schneiden und sofort, bevor sie sich braun verfärben, in den Topf geben.

Zugedeckt in 15–30 Minuten weich köcheln lassen, je nachdem wie groß, wie reif und von welcher Qualität die Quitten sind. Eine oder beide Chilischoten entfernen, sobald die Sauce für Ihren Geschmack scharf genug ist.

Etwa 20 Minuten vor dem Servieren den Couscous im Ofen erhitzen, ohne die Folie abzunehmen.

Etwa 5–10 Minuten vor dem Servieren den Fisch in die Sauce einlegen und mitköcheln lassen, bis sich das Fleisch zerpflücken lässt. Den Fisch mit der Sauce und dem Couscous in getrennten Schüsseln auftragen. In tiefen Tellern zuerst den Couscous aufhäufen und darauf den Fisch anrichten.

4 Knoblauchzehen, zerdrückt

1 1/2 TL gemahlener Kreuzkümmel

Salz

Etwa 100 ml Olivenöl

4 kleine Rochenflügel
(insgesamt 1 kg)

500 g neue Kartoffeln, gekocht
und in Scheiben geschnitten

Frisch gemahlener Pfeffer

2 EL Kapern

1 Zitrone, geviertelt

ROCHENFLÜGEL MIT KREUZKÜMMEL AUF RÖSTKARTOFFELN

In ganz Nordafrika ist Kreuzkümmel das Fischgewürz schlechthin. Rochenflügel sind die mit dem Körper verwachsenen Brustflossen. Für dieses tunesische Gericht sollten Sie kleine Rochen nehmen, zart genug zum Kurzbraten. Nur sie werden im Ganzen angeboten. Von großen Rochen kommen nur die Flügel in den Handel. Die beim Fischhändler erhältlichen Flügel sind küchenfertig zugerichtet.

FÜR 4 PERSONEN

Den Knoblauch mit dem Kreuzkümmel, Salz und 3–4 Esslöffel Öl vermischen. Den Fisch zwischen den langen Knorpeln in etwa 5 cm breite Streifen schneiden und diese mit der Knoblauchmischung einreiben.

Reichlich Öl in einer großen Pfanne erhitzen und die Rochenflügel portionsweise etwa 4 Minuten auf jeder Seite braten, bis sich das Fleisch von den Knorpeln zu lösen beginnt. In einer ofenfesten Form, abgedeckt mit Alufolie, im Ofen warm stellen.

Die Kartoffeln langsam im selben Öl unter mehrmaligem Wenden goldbraun rösten, salzen und pfeffern; nach Bedarf mehr Öl zugießen. Zum Schluss die Kapern untermischen.

Den Fisch auf einem Bett von Röstkartoffeln heiß servieren, garniert mit Zitronenvierteln.

VARIATION

Sie können auch Stücke von größeren Rochen verwenden, die allerdings etwa 10 Minuten vorgekocht werden müssen.

2 Knoblauchzehen, gehackt

125 g geschälte, vorgekochte oder etwa 10 rohe Riesengarnelen

2 EL Olivenöl

Salz und frisch gemahlener Pfeffer

1 1/2 TL Tomatenmark

3 EL Cognac

GEBRATENE RIESENGARNELEN MIT COGNAC

Gekochte rosa Riesengarnelen werden inzwischen in jedem Supermarkt angeboten, besser schmecken jedoch die roh tiefgefrorenen, die noch ihre ursprüngliche graue Farbe haben. Dieses Gericht ist eine luxuriöse Gaumenfreude für zwei Personen. Große rohe Garnelen müssen geschält und gesäubert werden: Den dunklen Darm, der sich den ganzen Rücken entlangzieht, mit einem spitzen Messer entfernen.

FÜR 2 PERSONEN

Den Knoblauch und die Garnelen etwa 30 Sekunden in heißem Öl sautieren, bis die vorgekochten Garnelen erhitzt sind oder die rohen Garnelen sich rosa verfärben. Salz, Pfeffer, das Tomatenmark und den Cognac einrühren und weitere 30 Sekunden braten. Falls gewünscht, die Sauce anzünden und die Garnelen flambiert servieren.

Anmerkung Mit dem Begriff »Riesengarnelen« werden besonders große Garnelen bezeichnet. Im Handel werden sie ganz uneinheitlich unter verschiedenen Namen angeboten: als Gambas, Prawns oder King Prawns, auch als King Size. Shrimps sind dagegen kleine Garnelen. Und Scampi, auch Kaisergranat oder Langoustinen genannt, sind gar keine Garnelen. Sie gehören zu den Hummerartigen, die an ihren Scheren zu erkennen sind.

2 kg Miesmuscheln

2 Knoblauchzehen, fein gehackt
oder zerdrückt

2 EL natives Olivenöl extra

$^1/_2$ l trockener Weißwein

Frisch gemahlener schwarzer
Pfeffer

1 Hand voll glattblättrige Petersilie,
gehackt

MIESMUSCHELN MIT KNOBLAUCH
UND WEISSWEIN

*Muscheln werden in den Pariser Restaurants mit den
unterschiedlichsten Finessen zubereitet. Doch die klassischen,
schlichten* moules à la marinière *sind immer noch das
Lieblingsrezept, nach dem die Südfranzosen zu Hause ihre
Miesmuscheln auf den Tisch bringen.*

FÜR 4–6 PERSONEN

Die Muscheln vorbereiten (Seite 216).

In einem sehr großen Topf den Knoblauch in dem Öl anschwitzen, bis er Farbe annimmt. Den Weißwein zugießen und 5 Minuten kochen.

Die Muscheln mit reichlich Pfeffer zufügen. Zugedeckt bei schwacher Hitze etwa 2 Minuten dünsten, bis sie sich öffnen. Sofort vom Herd nehmen.

Alle Muscheln, die sich nicht geöffnet haben, wegwerfen. Mit einem Schaumlöffel in einer Schüssel oder in Suppentellern anrichten. Den Muschel-Wein-Sud durch ein Mulltuch oder ein feines Sieb seihen, eine kleine Menge davon über jede Portion schöpfen. Mit Petersilie bestreuen.

500 g kleine Tintenfische
(Kalmare)

2 Knoblauchzehen, gehackt

1 rote Chilischote, Stielansatz,
Samen und Scheidewände
entfernt, das Fruchtfleisch fein
gehackt

3 EL Olivenöl

Salz und frisch gemahlener Pfeffer

1 EL Zitronensaft

1 EL gehackte glattblättrige
Petersilie

1 Zitrone, in Schnitze geschnitten

TINTENFISCH MIT KNOBLAUCH UND CHILI

Meist sind die kleinen Tintenfische Bestandteil von Meeresfrüchtekompositionen. Doch auch als einzige Zutat, schlicht gebraten und scharf gewürzt, sind sie eine Delikatesse.

FÜR 4 PERSONEN

Die Tintenfische vorbereiten (Seite 216), die Körpersäcke in dünne Ringe schneiden. Den Knoblauch und die Chilischote bei schwacher Hitze in dem Öl anschwitzen. Sobald der Knoblauch Farbe anzunehmen beginnt, die Tintenfische zufügen. Mit Salz und Pfeffer würzen, bei Mittelhitze unter häufigem Wenden 2–3 Minuten braten. Den Zitronensaft und die Petersilie untermischen. Mit Zitronenschnitzen garnieren und sofort servieren.

750 g rohe Riesengarnelen, nur die
Schwänze, ungeschält

FÜR DIE SAUCE

6 EL natives Olivenöl extra

3 Knoblauchzehen, zerdrückt

1 1/2 TL gemahlener Kreuzkümmel

1 1/2 TL Paprikapulver

1 gute Prise Cayennepfeffer

Saft von 1 Zitrone

RECHTS: *Tintenfisch mit Knoblauch und Chili*

GEGRILLTE GARNELEN MIT WÜRZIGER SAUCE

In Ägypten bereitet man Riesengarnelen gerne auf die folgende Weise zu.

FÜR 4 PERSONEN

Die Garnelenschwänze auf 4 Spieße aufziehen. 5 Minuten unter dem heißen Grill oder über dem Holzkohlegrill garen, bis sie sich rosa verfärben. Dabei einmal wenden.

In einer Schüssel alle Zutaten für die Sauce gründlich verrühren. Die Sauce zum Dippen in 4 Schälchen verteilen und zusammen mit den heißen Garnelen servieren.

3 Knoblauchzehen, fein gehackt

3 EL natives Olivenöl extra

1 scharfe rote Chilischote, Stielansatz, Samen und Scheidewände entfernt, das Fruchtfleisch fein gehackt, oder 1 kräftige Prise Chilipulver (nach Belieben)

500 g reife Tomaten (6 mittelgroße), enthäutet und gehackt

^{1}/2 l trockener Weißwein

Salz und frisch gemahlener Pfeffer

1–2 TL Zucker (nach Geschmack)

400 g Spaghettini, Tagliolini oder Tagliatelle

500 g fleischige Riesengarnelen, geschält und gekocht

4 EL fein gehackte glattblättrige Petersilie

VARIATIONEN

Die Sauce ohne Tomaten zubereiten, zuletzt 170 ml Sahne oder Crème double unterrühren.

Für Pasta mit gemischten Meeresfrüchten 750 g Miesmuscheln, 250 g kleine Tintenfische, geputzt und in Ringe geschnitten, und 200 g Riesengarnelen verwenden.

PASTA MIT GARNELEN

Vor einigen Jahren schrieb ich im Auftrag einer großen Zeitung ein Feature über die Leibspeisen italienischer Prominenter. Ich musste Luciano Pavarotti, Claudio Abbado, Armani, Valentino und andere Berühmtheiten anrufen oder weltweit hinter ihnen hertelefonieren. Fast alle gaben als Lieblingsgericht ihre eigenhändig zubereitete Pasta mit Meeresfrüchten an. Ein oder zwei verwendeten unübliche Zutaten wie Champagner oder eine Spur Curry und Sahne, doch die meisten erwiesen sich als Puristen und bevorzugten das klassische Gericht mit Garnelen oder Miesmuscheln. Dieses Pastagericht lässt sich auch mit gemischten Meeresfrüchten zubereiten.

FÜR 4 PERSONEN

Den Knoblauch in dem Öl anschwitzen, bis er Farbe anzunehmen beginnt. Die Chilischote und die Tomaten 5 Minuten mitschwitzen.

Den Wein zugießen. Salz, Pfeffer und Zucker zufügen und 10 Minuten köcheln lassen, bis die Sauce eindickt.

Die Pasta in reichlich sprudelnd kochendem Salzwasser *al dente* kochen.

Wenn die Pasta fertig ist, die Garnelen in der Sauce erhitzen; die Petersilie untermischen.

Die Sauce über die Pasta gießen und servieren.

1 kg Miesmuscheln

170 ml trockener Weißwein

400 g Spaghetti oder Linguine

Salz

2–4 Knoblauchzehen, gehackt

6–8 EL natives Olivenöl extra

Frisch gemahlener schwarzer Pfeffer

5 EL gehackte glattblättrige Petersilie

SPAGHETTI MIT MIESMUSCHELN IN WEISSWEINSAUCE

Dieses Gericht wird auch oft mit Venusmuscheln zubereitet, doch Miesmuscheln sind fleischiger. Hier werden sie in bianco *gegart, das heißt ohne Tomaten, sodass der reine Geschmack des Meeres voll erhalten bleibt. Anstelle der Spaghetti können Sie auch Linguine nehmen. Dazu wird kein Käse (etwa geriebener Parmesan) serviert.*

FÜR 4 PERSONEN

Die Muscheln säubern und vorbereiten (Seite 216). Mit etwa der Hälfte des Weißweins in einen großen Topf füllen und zugedeckt etwa 1 Minute bei starker Hitze dünsten. Wenn sich die Muscheln öffnen, den Topf sofort vom Herd nehmen. Alle Muscheln, die sich nicht geöffnet haben, wegwerfen. Die Kochflüssigkeit aus dem Topf abseihen und beiseite stellen.

Die Spaghetti in reichlich sprudelnd kochendem Salzwasser *al dente* garen.

Inzwischen den Knoblauch bei schwacher Hitze in 1 Esslöffel Öl anschwitzen, bis er Farbe anzunehmen und zu duften beginnt. Den durchgeseihten Muschelsud, den restlichen Weißwein und das restliche Öl unterrühren. Einige Minuten kräftig kochen, um die Sauce zu reduzieren. Mit Pfeffer würzen.

Die abgetropften Spaghetti mit der Sauce vermischen, mit Pfeffer und reichlich Petersilie bestreuen. Die Muscheln darauf anrichten und servieren. Oder die abgetropften Spaghetti noch im Topf mit den Muscheln vermischen.

8 Jakobsmuscheln

1 EL mildes Pflanzenöl oder natives Olivenöl extra

Gemischter Blattsalat mit Kräutern (Rezept Seite 16), die halbe Menge

FÜR DAS DRESSING

6 EL mildes natives Olivenöl extra

2 EL Aceto Balsamico (Balsamessig)

Salz und frisch gemahlener Pfeffer

JAKOBSMUSCHELN MIT BALSAMICODRESSING

Das Geheimnis der Zubereitung von Jakobsmuscheln liegt in der möglichst kurzen Garzeit. Auf einem Bett von gemischtem Blattsalat mit Kräutern (Seite 16), der mit dem Dressing dieses Rezepts angemacht wird, sind sie der glanzvolle Auftakt eines Festmahls.

FÜR 2 PERSONEN

Die Zutaten für das Dressing verrühren, mit der Hälfte des Dressings den Blattsalat anmachen.

Die ausgelösten Jakobsmuscheln (nur das weiße Muschelfleisch und den orangefarbenen Corail) waschen. In einer eingeölten Pfanne auf jeder Seite 30–40 Sekunden braten. Auf einem Salatbett anrichten, jede Muschel mit etwas Dressing beträufeln.

500 g neue Kartoffeln

500 g feste weißfleischige Fischfilets wie Kabeljau, Schellfisch oder Seeteufel

2 EL Weißweinessig

6 EL mildes natives Olivenöl extra

Salz und frisch gemahlener Pfeffer

1 milde Zwiebel, rot oder weiß, fein gehackt

2 EL Kapern

1 großes Bund Koriandergrün, gehackt

MAROKKANISCHER FISCHSALAT

FÜR 4 PERSONEN

Die Kartoffeln in Salzwasser weich kochen, abgießen, schälen und in 2,5 cm große Würfel schneiden.

Den Fisch etwa 5 Minuten in siedendem Salzwasser pochieren, bis er sich mit einem Messer gerade zerpflücken lässt. Abkühlen lassen und in gleich große Stücke teilen. Mit den Kartoffeln in eine Schüssel füllen.

Den Essig, mit dem Öl und etwas Salz und Pfeffer verschlagen, darüber gießen. Die restlichen Zutaten behutsam untermischen. Bis zum Servieren abkühlen lassen.

RECHTS: *Jakobsmuscheln mit Balsamicodressing*

250 g Parboiled-Langkornreis

Salz

4–6 EL mildes natives Olivenöl extra

Saft von etwa 1 Zitrone (je nach Geschmack)

Frisch gemahlener Pfeffer

5 Frühlingszwiebeln, fein gehackt

1 großes Bund glattblättrige Petersilie oder gemischte Kräuter wie Schnittlauch, Minze und Koriandergrün, gehackt

Etwa 500 g pochierter Fisch oder gemischte Meeresfrüchte, zum Beispiel weißfleischiger Fisch, Tintenfisch, Garnelen und Miesmuscheln

VARIATION

Als spektakulären Blickfang füllen Sie einen Ring aus kaltem Tomatenreis (Seite 87) mit verschiedenen pochierten Meeresfrüchten, angemacht mit Öl-Zitronen-Dressing (Seite 144) oder (kaltem) Zitronen-Tomaten-Dressing.

REISSALAT
MIT MEERESFRÜCHTEN

Dieser Salat ist ideal für Partys, denn er lässt sich leicht in größeren Mengen herstellen, ist relativ preiswert, sieht attraktiv aus, kann im Voraus zubereitet werden und schmeckt einfach köstlich. Die Meeresfrüchte stellen Sie aus weißfleischigem Fisch, in Stücke zerteilt und pochiert, pochierten Tintenfischringen, gekochten und geschälten Garnelen und Miesmuscheln zusammen, die Sie ausgelöst oder noch in den Schalen unter den Salat mischen. (Zum Vorbereiten von Miesmuscheln und Tintenfisch siehe Seite 216)

FÜR 4 PERSONEN

Den Reis etwa 18 Minuten in kochendem Salzwasser garen, bis er knapp weich ist. Abgießen.

Den noch warmen Reis mit einem Dressing aus dem Öl, Zitronensaft, Salz und Pfeffer vermischen. Abkühlen lassen und die Frühlingszwiebeln und Kräuter untermischen. Die pochierten Meeresfrüchte unterheben.

Kalt servieren. Als Beigabe eventuell Mayonnaise oder Aïoli (Seite 220) reichen, was allerdings kein Muss ist.

FÜR DAS BROTBETT

4 Scheiben rustikales Weißbrot
(je etwa 1 1/4 cm dick)

175 ml Tomatensaft

5 EL Olivenöl

2 EL Rotwein- oder Weißweinessig

Salz und frisch gemahlener Pfeffer

1/2–1 TL Harissa (Rezept Seite 219,
nach Belieben)

FÜR DEN SALAT

2 grüne oder rote Paprikaschoten

3 mittelgroße reife Tomaten

200 g Thunfisch (Dose), abgetropft
und zerpflückt

3 hart gekochte Eier, geviertelt

4–8 schwarze Oliven, entsteint

1–2 EL Kapern in Essig, abgetropft
(nach Belieben)

50 g Anchovisfilets, abgetropft
(nach Belieben)

3–4 EL natives Olivenöl extra

Saft von 1/2 Zitrone

Salz und frisch gemahlener Pfeffer

THUNFISCH-PAPRIKA-SALAT AUF GETRÄNKTEM WEISSBROT

Tunesiens berühmter Salat meshweya *(was »Gegrilltes« bedeutet) wird zur herzhaften Sommermahlzeit, wenn Sie ihn auf einem Bett von Weißbrotscheiben anrichten, die mit einer pikanten Tomatensauce getränkt sind. Nehmen Sie dazu kräftiges, rustikales Weißbrot. In Tunesien darf Harissa nicht fehlen, doch ich verzichte bei diesem schlichten Gericht lieber darauf.*

FÜR 4 PERSONEN

Von den Brotscheiben die Rinde abschneiden. Die Scheiben toasten und nebeneinander in eine flache Schüssel von 23 cm Durchmesser legen.

Den Tomatensaft mit dem Olivenöl, dem Essig, Salz und Pfeffer und nach Belieben mit Harissa verrühren (mir schmeckt's besser ohne). Gleichmäßig über das Brot gießen.

Für den Salat die Paprikaschoten und die Tomaten auf einem Blech unter dem heißen Ofengrill oder auf dem Grill rösten, gelegentlich wenden.

Die Tomaten aus dem Ofen oder vom Grill nehmen, sobald sich die Haut leicht lösen lässt. Häuten und vierteln. Die Paprikaschoten sind fertig, wenn sich die Haut an manchen Stellen schwarz verfärbt und Blasen wirft. Wie auf Seite 216 beschrieben, häuten und in etwa 1 1/4 cm breite Streifen schneiden.

Mit den Tomaten, Thunfischstücken, Eiern, Oliven, Kapern und Anchovisfilets dekorativ auf den getränkten Brotscheiben anrichten.

Das Öl mit dem Zitronensaft, Salz und Pfeffer verrühren und über den Salat gießen.

³/4 l trockener Weißwein

1 ¹/2 l Wasser oder Fischfond (aus Würfeln)

2 frische rote Chilischoten, Stielansätze, Samen und Scheidewände entfernt

5 Knoblauchzehen, in Scheibchen geschnitten

1 kg neue Kartoffeln, in Stücke geschnitten

1 kg Eiertomaten, enthäutet und halbiert (oder 800 g enthäutete Tomaten aus der Dose)

4 Lorbeerblätter

Einige Stengel Petersilie

Salz

5 EL Olivenöl

1,5–2 kg Fischfilets

500 g geschälte Garnelen (nach Belieben)

6 Jakobsmuscheln (nach Belieben)

1 kg Miesmuscheln, geputzt und gegart (Seite 216, nach Belieben)

ITALIENISCHE FISCHSUPPE

Diese Suppe ist ein Partyknüller! Ich habe sie mit ganzem Fisch zubereitet – Brassen, Knurrhahn, Rotem Schnapper, Wittling und Roter Meerbarbe, was effektvoll aussieht, aber schwierig zu servieren ist; außerdem muss man sich mit den Gräten abmühen. Wesentlich einfacher zu handhaben sind Filets, zum Beispiel vom Seeteufel, Kabeljau, Steinbutt und Roter Meerbarbe. Sie können die Fischsuppe nur mit Fischfilets zubereiten oder Garnelen und Jakobsmuscheln oder Miesmuscheln zufügen.

FÜR 6–8 PERSONEN

Den Wein und das Wasser oder Fischfond in einen großen Topf gießen. Die Chilischoten, den Knoblauch, die Kartoffeln, die Tomaten, die Lorbeerblätter, die Petersilienstengel und Salz zufügen, aufkochen und 20 Minuten köcheln lassen.

Das Öl zufügen. Die Fischfilets 5–10 Minuten darin gar ziehen lassen, bis sich der Fisch mit einem spitzen Messer gerade zerpflücken lässt. Falls gewünscht, die Garnelen, Jakobsmuscheln und Miesmuscheln zufügen und 30 Sekunden mitziehen lassen.

In Suppentellern mit getoastetem und mit Knoblauch eingeriebenem Weißbrot servieren. Sie können die Brotscheiben auch schon in die Teller legen, bevor Sie die Suppe einschöpfen, damit sie schön durchtränkt werden.

500 g Kartoffeln, in dicke Scheiben
geschnitten

2 mittelgroße Tomaten, enthäutet
und geviertelt

1 l Wasser

$^1/_2$ TL Paprikapulver

$^1/_4$ TL Harissa (Rezept Seite 219,
oder mehr nach Belieben) oder
1 kräftige Prise Chilipulver

$^1/_2$ TL Kreuzkümmel

3 Knoblauchzehen, gehackt

Saft von $^1/_2$ Zitrone

Salz

3 EL natives Olivenöl extra

500 g weißfleischige Fischfilets,
enthäutet

1 großes Bund glattblättrige
Petersilie oder Koriandergrün, fein
gehackt

3–4 Stengel Minze, fein gehackt

TUNESISCHE FISCHSUPPE

*Rund ums Mittelmeer begegnet man Fischsuppen,
die mit Kartoffeln und Tomaten zubereitet werden. Die regionalen
Unterschiede liegen in den Fischsorten und den Würzzutaten.
Diese einfache Suppe ist eine eigenständige Mahlzeit; ihren
Reiz erhält sie durch Kräuter und pfeffrige Schärfe. Dosieren Sie
Harissa (Seite 219) oder Chilipulver erst einmal lieber
sparsam, und würzen Sie später nach, falls gewünscht. Mir
schmeckt die Suppe besser, wenn sie nicht allzu scharf ist.
In Tunesien nimmt man für diese Suppe oft Seehecht, doch Sie
können ihn durch jeden fest- und weißfleischigen Fisch wie
Kabeljau, Schellfisch oder Steinbutt ersetzen.*

FÜR 4 PERSONEN

Alle Zutaten bis auf das Öl, den Fisch und die Kräuter in
einen großen Topf füllen, langsam zum Kochen bringen und
in dem Sud etwa 25 Minuten köcheln lassen, bis die Kartoffeln weich sind.

Das Öl einrühren und den Fisch zufügen. Weitere 10 Minuten sieden lassen. Die Filets mit einem Schaumlöffel
herausnehmen, vorsichtig in kleinere Stücke zerteilen und
zusammen mit den Kräutern wieder unterrühren.

Heiß mit getoastetem Weißbrot servieren.

25 g Butter

1 EL Sonnenblumen- oder anderes mildes Pflanzenöl

1 mittelgroße Zwiebel, gehackt

3 Knoblauchzehen, fein gehackt

1 mittelgroße Lauchstange, in Scheiben geschnitten

1 Stange Bleichsellerie, in Scheiben geschnitten

$1/4$ l trockener Weißwein

$1/2$ l Wasser

Salz und frisch gemahlener weißer Pfeffer

1 Streifen unbehandelte Orangenschale (7 cm)

200 g mittelgroße Kartoffeln, gewürfelt

$1/2$ TL Safranfäden

600 g weißfleischiges Fischfilet, enthäutet

150 ml Sahne

VARIATION

Etwa 200 g Fisch durch gekochte Garnelen ersetzen. Kurz vor dem Zufügen der Sahne in die Suppe einrühren.

FISCHSUPPE
MIT SAFRAN UND SAHNE

Diese delikate, cremige Suppe, die das Aroma Südfrankreichs einfängt, gehört zu den Lieblingsgerichten unserer Familie. Mit grätenlosen Filets vom Kabeljau, Schellfisch, Wittling oder anderen weißfleischigen, also nicht fetten Fischen ist sie sehr einfach zuzubereiten. Wenn Sie möchten, können Sie den Fisch mit gekochten Garnelen mischen. Mit angewärmtem oder leicht getoastetem Weißbrot servieren.

FÜR 4 PERSONEN

Die Butter und das Öl in einem großen Topf erhitzen. Die Zwiebel, den Knoblauch, den Lauch und den Sellerie darin anschwitzen, bis sie weich sind und Farbe anzunehmen beginnen.

Den Weißwein und das Wasser zugießen. Mit etwas Salz und Pfeffer würzen, die Orangenschale zufügen. 10 Minuten köcheln lassen.

Die Kartoffeln darin 20 Minuten köcheln; falls zuviel Flüssigkeit verdampft, Wasser nachgießen. Den Safran und die Fischfilets zufügen und weitere 8–10 Minuten gar ziehen lassen, bis der Fisch seine Transparenz verliert. In Stücke zerteilen.

Die Orangenschale herausnehmen, die Sahne unterrühren und 1–2 Minuten erhitzen. Heiß servieren.

SÜSSSPEISEN UND DESSERTS

Im Mittelmeerraum wird eine Mahlzeit meist mit Obst beendet: mit Feigen, Trauben, Aprikosen, Datteln, Melonen, Pfirsichen, Pflaumen, Kirschen, Äpfeln, Birnen oder Orangen. Stellen Sie einfach eine bunte Obstschale auf den Tisch, oder richten Sie eine Auswahl aufgeschnittener Früchte auf einer Platte an. Tradition haben auch Trockenfrüchte und Nüsse, die man zum Kaffee reicht. Die meisten Nachspeisen in diesem Kapitel enthalten Obst, ein Tribut an den verschwenderischen Reichtum in den Obstgärten der Mittelmeerländer. Die Anzahl der Rezepte ist nicht zu knapp – ich liebe nämlich Desserts, und auch bei Partys spielen sie eine wichtige Rolle.

Etwa 1 kg gemischte Früchte,
geschält, falls nötig

4 EL Zucker (oder nach Belieben)

Saft von ¹/₂–1 Zitrone

SAFTIGER OBSTSALAT

Wenn Obst in Zitronensaft und Zucker zieht, lässt es Saft und bekommt einen volleren, intensiveren Geschmack. Mischen Sie viele Früchte, zum Beispiel Bananen, Orangen, Äpfel, Birnen, Aprikosen, Erdbeeren, Himbeeren, Heidelbeeren, kernlose Trauben, Kiwis, Kirschen, Mangos und Ananas.

FÜR 4 PERSONEN

Die Früchte vorbereiten und in Stücke schneiden, kleine Früchte bleiben ganz.

In eine große Schüssel einschichten, jede Schicht mit Zucker bestreuen und mit Zitronensaft beträufeln. Mindestens 1 Stunde ziehen lassen.

VARIATION

Den Zitronensaft durch 4 EL Cognac oder Kirschwasser ersetzen.

---

1 kg Orangen, in 0,5 cm dicke
Scheiben geschnitten

500 g Zucker

ORANGENSCHEIBEN IN SIRUP

Mit eingelegten Orangenscheiben haben Sie immer ein fertiges Dessert zur Hand, das Sie mit einem Klacks dicker Crème double oder Schlagsahne servieren.

FÜR 8–12 PERSONEN

Die Orangenscheiben und den Zucker schichtweise in einen Topf füllen. Mit Wasser bedecken und 1¹/₂ Stunden leise köcheln lassen; nach Bedarf Wasser zugießen, damit die Früchte bedeckt bleiben.

Sind die Orangenscheiben handwarm abgekühlt, in ein Glas drücken und mit dem Sirup bedecken. Im Kühlschrank halten sie sich mehrere Wochen.

VARIATION

Die Orangenscheiben halten sich mehrere Monate, wenn Sie die doppelte Menge Zucker nehmen.

1 kg Früchte – mindestens zwei der folgenden Sorten: Äpfel, Birnen, Pfirsiche, Pflaumen, Mirabellen, Aprikosen, Stachelbeeren, Kirschen und Trauben

450 ml Wasser

100–250 g Zucker

FRUCHTKOMPOTTE

Frische Früchte, in Zuckersirup pochiert, sind ein schlichtes Dessert. Raffinierter wird es, wenn Sie die Früchte auf einem Reisflammeri (Seite 198) oder auf einer Mandelcreme (Seite 201) servieren.

FÜR 4 PERSONEN

Die Früchte waschen, falls nötig schälen, halbieren und entsteinen. Äpfel und Birnen werden geschält, entkernt und in Scheiben geschnitten.

Für den Sirup das Wasser mit dem Zucker zum Kochen bringen. Mit der geringeren Zuckermenge beginnen, später abschmecken und nachsüßen. Die Süße des Sirups hängt von Ihrem persönlichen Geschmack und dem Säuregehalt der jeweiligen Früchte ab.

Das Obst in den kochenden Sirup einlegen. Jede Sorte benötigt eine andere Garzeit, auch je nach Reife – frische, reife Früchte nur kurz pochieren. Kirschen, Stachelbeeren und Trauben brauchen nur 1–3 Minuten, Aprikosen und Pflaumen 5 Minuten, Pfirsiche 10 Minuten, Apfelscheiben 10–15 Minuten, Clementinen in der Schale (halbiert) bis 25 Minuten und Birnen, die noch unreif und hart sind, über 40 Minuten. Orangenscheiben und Mandarinen können 1 Stunde köcheln. Für gemischte Kompotte gart man die einzelnen Sorten am besten getrennt oder fügt sie nacheinander zu, damit nichts verkocht. Erkaltet oder eisgekühlt servieren.

VARIATIONEN

Für eine besondere Geschmacksnote den Sirup mit Zitronen- oder Orangenschale, dem Saft von 1/2 Zitrone, 1 Zimtstange, einigen Gewürznelken, 1 Vanilleschote oder einigen Tropfen Vanilleessenz aromatisieren.

Zum Schluss einige Esslöffel Kirschwasser, Cognac oder Cointreau unterrühren.

Einen Teil des Wassers durch Rot- oder Weißwein ersetzen.

FOTO SEITE 192/193 (von links nach rechts): *Kirschkompott, Traubenkompott und Aprikosenkompott*

700 g Quitten (2 große)

250 g Zucker

3/4 l Wasser

150 ml Sahne, geschlagen

QUITTENKOMPOTT

*Dieses Fruchtdessert findet sich im ganzen
Mittelmeerraum, am beliebtesten aber ist es in der Türkei.
Es gehört zu meinen Lieblingsrezepten.*

FÜR 4 PERSONEN

Die Quitten durch das Kernhaus hindurch halbieren. Da sie sehr hart sind, brauchen Sie dazu ein robustes Messer und einige Kraft. Die dunklen Enden wegschneiden, Kerngehäuse und Kerne aber in den Früchten belassen – sie sorgen für ein herrliches Gelee.

In einem großen, flachen Topf den Zucker und das Wasser zum Kochen bringen (die Menge sollte reichen, um die Quitten zu bedecken). Die Quitten mit der Schnittseite nach unten nebeneinander einlegen und zugedeckt köcheln lassen, bis sich das Fruchtfleisch beim Anstechen mit einem spitzen Messer weich anfühlt. Je nach Qualität und Reife der Früchte beträgt die Garzeit zwischen 20 Minuten und 1 Stunde.

Die Quitten herausheben, auf einen Teller legen und handwarm abkühlen lassen. Sorgfältig die Kerngehäuse herausschneiden. Den Sirup im offenen Topf einkochen, bis er so dick ist, dass er einen Löffel überzieht und einen satten, granatroten Farbton annimmt.

Die Quitten mit der Schnittseite nach unten zurück in den Topf geben und weitere 10 Minuten im Sirup kochen.

Mit der Schnittseite nach oben in einer Schale anrichten, mit Sirup übergießen. Die Schlagsahne in der Mitte aufhäufen oder separat herumreichen.

1 l Wasser

250 g Zucker

$^1/_4$ TL gemahlener Ingwer

Einige Tropfen Vanilleessenz

4 große gelbfleischige Pfirsiche

PFIRSICHE IN INGWER-VANILLE-SIRUP

Diese Pfirsiche sind nicht zu süß und haben ein zartes Ingwer-Vanille-Aroma. Die Menge an Sirup muss ausreichen, um die Früchte zu bedecken; er lässt sich wiederholt für die Zubereitung dieses Desserts verwenden. Nehmen Sie große gelbfleischige Pfirsiche, die fest und nicht zu reif sind.

FÜR 4 PERSONEN

Für den Sirup das Wasser mit dem Zucker kochen, bis er sich auflöst. Den Ingwer und die Vanilleessenz unterrühren und vom Herd nehmen.

Die Pfirsiche zum Enthäuten einige Minuten in kochendes Wasser einlegen, von der Hitzequelle wegsetzen und ziehen lassen. Abtropfen lassen und die Haut abziehen. Die geschälten Pfirsiche im Ganzen 15–20 Minuten in dem Sirup köcheln lassen, bis sie sehr weich sind. Bis zum Auftragen im Sirup liegen lassen. Bei Zimmertemperatur oder gekühlt und ohne Sirup servieren.

Dazu Mandelcreme (Seite 201), aromatisiert mit einem Dessertwein wie Beaume de Vin de Pêches, Cassis oder Honigparfait (Seite 202) reichen.

8 Pfirsiche, ungeschält halbiert und entsteint

120 ml Amaretto oder Marsala

2–3 Tropfen Vanilleessenz

4 EL Zucker (oder nach Belieben)

IM OFEN KARAMELLISIERTE PFIRSICHE

Dieses sehr einfache, aber köstliche Pfirsichdessert stammt aus Süditalien.

FÜR 4 PERSONEN

Den Ofen auf 190 °C vorheizen.

Die Pfirsiche mit der Schnittseite nach oben in eine flache, ofenfeste Form legen. Den Amaretto oder Marsala mit der Vanilleessenz und 2 Esslöffel Zucker verrühren und über die Pfirsiche gießen, sodass sich einige Flüssigkeit in den Steinhöhlungen sammelt.

In 10–20 Minuten im Ofen weich garen – wie lange, hängt von der Größe und Reife der Früchte ab.

Die Schnittflächen mit dem restlichen Zucker bestreuen und unter den Grill schieben, bis sie karamellisiert sind. Garen können Sie die Pfirsiche schon vorher, doch karamellisieren müssen Sie sie unmittelbar vor dem Servieren.

Anmerkung Wer die Pfirsiche ohne Schale servieren möchte, spießt sie im Ganzen auf eine Gabel und taucht sie kurz in kochendes Wasser. Unter kaltem Wasser abgeschreckt, lassen sie sich problemlos enthäuten.

FÜR DEN REISFLAMMERI

200 g Rundkornreis, Milchreis oder italienischer Arborioreis

350 ml Wasser

1 l Milch

175 g Zucker (oder nach Belieben)

2 EL Rosenwasser

$^1/_2$ TL gemahlener Mastix

FÜR DIE POCHIERTEN FRÜCHTE

250 g Zucker

$^1/_4$ l Wasser

Saft von $^1/_4$ Zitrone

3 Pfirsiche oder Nektarinen, enthäutet und geviertelt

3 Birnen, geschält und geviertelt

6 Aprikosen, entsteint und halbiert

VARIATIONEN

Mastix können Sie durch
1 TL gemahlenen Kardamom
ersetzen, den Sie gleichzeitig
mit der Milch zufügen.

Rezepte für weitere
Fruchtkompotte finden Sie auf
Seite 191.

POCHIERTE FRÜCHTE AUF REISFLAMMERI

Mastix und Rosenwasser, zwei arabische Würzzutaten, verleihen diesem Reisflammeri ein köstlich exotisches Aroma, das gut mit dem Belag aus pochierten Früchten harmoniert. Mastix ist ein Baumharz, das Sie in kleinen »Körnern« oder Kristallen in griechischen und arabischen Lebensmittelgeschäften kaufen können. Sie müssen es selbst im Mörser mit etwas Zucker zu Pulver zerstoßen und dürfen es nur in kleinen Dosen verwenden, sonst schmeckt es unangenehm durchdringend. Eine Alternative ist gemahlener Kardamom, der leicht erhältlich und einfacher zu handhaben ist.

FÜR 6 PERSONEN

Für den Flammeri den Reis mit dem Wasser in einem großen Topf zum Kochen bringen und 8 Minuten köcheln lassen, bis das Wasser aufgenommen ist. Die Milch zugießen und bei sehr schwacher Hitze unter gelegentlichem Rühren etwa 30–45 Minuten quellen lassen, bis der Reis sehr weich und die Milch fast ganz aufgenommen ist. Den Zucker unter Rühren darin auflösen, dann das Rosenwasser und den Mastix kräftig einrühren. In eine große, flache Schale füllen.

Für den Fruchtbelag den Zucker, das Wasser und den Zitronensaft in einem Topf aufkochen und leise köcheln lassen. Die Pfirsiche oder Nektarinen mit kochendem Wasser übergießen, damit sich die Haut löst, und enthäuten.

Die verschiedenen Früchte nacheinander in den Sirup geben, da sie unterschiedlich schnell garen. Die Garzeit richtet sich auch nach der Größe und Reife der Früchte. Die

Pfirsiche und Aprikosen brauchen womöglich nur 6 Minuten, die Birnen viel länger. Falls die Früchte nicht ganz von Sirup bedeckt sind, einmal wenden.

Die weichen Früchte mit dem Schaumlöffel herausheben und auf einen Teller legen, damit überschüssiger Sirup abfließt. Auf dem Reisflammeri in Form einer Blüte anrichten. Kalt servieren.

CLAFOUTIS MIT KIRSCHEN

Nach wie vor beliebt ist diese traditionelle provenzalische Süßspeise, bei der Kirschen in einer Eiercreme gebacken werden. Sie brauchen die Kirschen nicht zu entsteinen, können es aber tun, falls Sie möchten.

FÜR 4 PERSONEN

500 g schwarze Süßkirschen

Butter für die Form

3 Eier

100 g extrafeiner Zucker

1 EL Weizenmehl

2 Tropfen Vanilleessenz

2 EL Calvados oder Kirschwasser

150 ml Sahne

100 ml Milch

Puderzucker zum Bestreuen

Den Ofen auf 180 °C vorheizen.

Die Kirschen waschen und trockentupfen. Eine flache, ofenfeste Form von 22 cm Seitenlänge mit Butter einfetten, die Kirschen darin verteilen.

Die Eier mit dem Zucker und dem Mehl verschlagen. Die Vanilleessenz und den Calvados oder das Kirschwasser zufügen, nach und nach die Sahne und die Milch unterschlagen.

Die Mischung über die Kirschen gießen und etwa 45 Minuten backen, bis die Creme fest wird und eine goldgelbe Kruste bekommt.

Warm und mit Puderzucker bestreut servieren. Nach Belieben 1 Minute unter den Grill schieben, damit der Zucker karamellisiert.

FÜR DIE SAUTIERTEN FRÜCHTE

75 g Butter

3 Äpfel, geschält, entkernt und in dünne Schnitze geschnitten

2 Birnen, geschält, entkernt und in dünne Schnitze geschnitten

6 Aprikosen, entsteint und klein geschnitten

Ein Dutzend Kirschen oder mehr

3–4 EL Zucker (oder nach Belieben)

3 EL Calvados oder Armagnac

FÜR DIE MANDELCREME

175 g Zucker

5 Eigelb

75 g Weizenmehl

^{1}/$_2$ l Milch

2–3 EL Kirschwasser, Rum, Calvados oder Armagnac

100 g gemahlene Mandeln

3 Tropfen Mandel- oder Vanilleessenz (nach Belieben)

SAUTIERTE FRÜCHTE AUF MANDELCREME

Zu meinen bevorzugten Sommerdesserts gehören verschiedene Fruchtkompotte (Seite 191) auf Mandelcreme, gekühlt serviert. Im Winter dagegen ist in Butter sautiertes Obst auf heißer Mandelcreme unwiderstehlich. Alle Arten von Früchten können sautiert werden. In der Küchenmaschine gemahlene Mandeln schmecken besser als gekaufte, fertig gemahlene Mandeln. Die Mandelessenz ist nicht unbedingt nötig. Früher wurde der Mandelgeschmack durch den Zusatz einiger Bittermandeln verstärkt, die aber wegen der enthaltenen Blausäure nicht mehr im Handel zu bekommen sind.

FÜR 6 PERSONEN

Die Butter in einer großen Pfanne erhitzen. Die Äpfel und Birnen unter gelegentlichem Wenden etwa 15 Minuten sautieren, bis sie weich sind. Die Aprikosen und Kirschen einschwenken, bis sie weich sind. Den Zucker und den Alkohol zufügen und noch einige Minuten schmoren.

Für die Mandelcreme den Zucker mit den Eigelben in einer großen Schüssel weißschaumig rühren. Das Mehl untermischen.

Die Milch in einem schweren Topf zum Kochen bringen. Nach und nach zu der Eimasse gießen, dabei kräftig rühren, damit sich alles gut vermischt. Die Eiermilch zurück in den Topf gießen.

3 Minuten köcheln lassen, dabei ständig rühren, damit sich keine Klümpchen bilden und die Creme nicht am Boden anhaftet. Brennt sie trotzdem leicht an, vorsichtig rühren, damit nichts Angebranntes in die Creme gelangt.

VARIATIONEN

Die Mandelcreme kalt mit Fruchtkompott servieren (Seite 191 und 198).

Die kalte Mandelcreme mit rohen Früchten belegen, zum Beispiel Erdbeeren, Himbeeren, Heidelbeeren, grünen und blauen Trauben, entsteinten frischen Datteln, Kiwischeiben und klein geschnittenen Orangenspalten.

$^1/_2$ l Milch

4 Eigelb

150 g Lavendel-, Akazien- oder anderer duftender, klarer Blütenhonig

150 ml Sahne

1 EL Orangenblütenwasser

Den Alkohol, die Mandeln und, falls gewünscht, die Mandel- oder Vanilleessenz (Vanille und Mandeln harmonieren ausgezeichnet) einrühren. Vorsicht: Von der Mandelessenz genügen wenige Tropfen, zuviel schmeckt aufdringlich. Noch einige Minuten köcheln lassen.

In eine weite, flache Schale füllen und die Früchte mit dem Bratsaft darauf löffeln.

Übrigens: Die Creme können Sie im Voraus zubereiten, wenn Sie zum Beispiel eine größere Einladung planen. Einfach in eine ofenfeste Form gießen und im Ofen erhitzen. Vor dem Servieren die heißen Früchte darauf anrichten.

HONIGPARFAIT

Diese aromatische Eiscreme ist eine Spezialität der Provence,
wo sie mit Lavendelhonig zubereitet wird.

FÜR 6 PERSONEN

Die Milch zum Kochen bringen. Die Eigelbe weißschaumig rühren, den Honig, die Sahne und zum Schluss die heiße Milch untermischen.

Die Mischung zurück in den Topf gießen und bei schwacher Hitze mit dem Holzlöffel rühren, bis sie leicht andickt – nicht mehr kochen lassen, sonst gerinnt sie. Das Orangenblütenwasser einrühren.

Abkühlen lassen und in eine Schale füllen. Mit Klarsichtfolie abdecken und über Nacht oder mindestens 5 Stunden vor dem Servieren in den Gefrierschrank stellen. Erst unmittelbar vor dem Servieren herausnehmen.

¹/₄ l Wasser

150–200 g Zucker

Saft von 1 Zitrone

1 kg Birnen, geschält und entkernt

Birnenlikör oder Obstbrand
(nach Belieben)

BIRNENGRANITA

*Granita ist eine Eisspezialität, hergestellt aus
Früchten, Fruchtsaft oder Sirup und nach dem Gefrieren
im Mixer körnig zerkleinert.*

FÜR 4–6 PERSONEN

In einem großen Topf, in dem die Birnen nebeneinander Platz haben, das Wasser mit dem Zucker und Zitronensaft kochen, bis sich der Zucker aufgelöst hat. (Mit der geringeren Zuckermenge beginnen und zum Schluss eventuell nachsüßen, je nach der Süße der Birnen.)

Die Birnen mit dem Sirup im Mixer pürieren. (Abschmecken und falls nötig, nachsüßen.) In Eiswürfelbehälter füllen, mit Klarsichtfolie abdecken und über Nacht gefrieren lassen.

Die gefrorenen Birnenwürfel portionsweise im Mixer zu einer feinkörnigen, schaumigen Eismasse zerkleinern. In Gläser füllen und sofort servieren, oder mit Klarsichtfolie abdecken und zurück in den Gefrierschrank stellen.

10 Minuten vor dem Servieren herausnehmen. Falls gewünscht, Birnenlikör oder Obstbrand herumreichen, damit sich jeder selbst ein wenig darüber träufeln kann.

1/4 l Wasser

200 g Zucker

Saft von 1/2 Zitrone

1 kg reife Aprikosen, entsteint

Kirschwasser oder Obstbrand
(nach Belieben)

APRIKOSENGRANITA

*Dieses Wassereis mit pochierten, pürierten Aprikosen
schmeckt erfrischend säuerlich.*

FÜR 4–6 PERSONEN

In einem großen Topf das Wasser mit dem Zucker und Zitronensaft kochen, bis sich der Zucker aufgelöst hat.

Die Aprikosen zufügen und zugedeckt etwa 5 Minuten köcheln lassen, bis sie sehr weich sind.

Die Aprikosen mit dem Sirup im Mixer cremig pürieren. In Eiswürfelbehälter füllen, mit Klarsichtfolie abdecken und über Nacht gefrieren lassen.

Die gefrorenen Aprikosenwürfel portionsweise im Mixer zu einer feinkörnigen, schaumigen Eismasse zerkleinern. In Gläser füllen und sofort servieren, oder mit Klarsichtfolie abdecken und zurück in den Gefrierschrank stellen.

10 Minuten vor dem Servieren herausnehmen. Falls gewünscht, Kirschwasser oder Obstbrand herumreichen, damit sich jeder selbst etwa einen Esslöffel davon darüber träufeln kann.

LINKS: *Aprikosengranita und Birnengranita
(Rezept Seite 203)*

4 große Äpfel (Golden Delicious),
geschält, entkernt und in Scheiben
geschnitten

150 ml trockener, fruchtiger
Weißwein

100 g extrafeiner Zucker

3 Eigelb

3 EL Calvados

150 ml Sahne

GEFRORENE APFELCREME
MIT CALVADOS

*In Frankreich bezeichnet man diese Zubereitung aus Fruchtmus,
Eigelb und Sahne als Parfait.*

FÜR 4 PERSONEN

Die Äpfel zugedeckt in etwa 5–10 Minuten bei schwacher
Hitze in dem Weißwein weich dünsten. Den Deckel abnehmen und die Flüssigkeit bei stärkerer Hitze einkochen
lassen.

Die Hälfte des Zuckers zufügen. Die Äpfel mit dem Kartoffelstampfer oder einer Gabel zerdrücken und weiter rühren, bis fast alle Flüssigkeit verdampft ist.

Die Eigelbe mit dem restlichen Zucker weißschaumig
rühren. Das Apfelmus vom Herd nehmen und die Eimasse
kräftig untermischen. Bei schwacher Hitze unter Rühren
noch 30 Sekunden erwärmen. Den Calvados einrühren,
kalt stellen.

Die Sahne steif schlagen und unter das erkaltete Apfelmus mischen. Eine Schüssel mit Klarsichtfolie auskleiden
(dann lässt sich das Parfait leichter stürzen). Die Apfel-
masse einfüllen, mit Klarsichtfolie abdecken und über Nacht
gefrieren lassen.

Unmittelbar vor dem Servieren herausnehmen, auf eine
Platte stürzen und die Folie abziehen.

VARIATIONEN

3 Tropfen Vanilleessenz,
eine kleine Zimtstange und
2 Gewürznelken zufügen.

Statt mit Äpfeln mit Birnen
und Kirschwasser oder Birnen-
geist zubereiten.

4 Eigelb

150 g extrafeiner Zucker

600 ml süße Sahne

4 EL Armagnac oder Cognac

200 g glasierte Maronen, in kleine Stücke geschnitten

HALBGEFRORENES
MIT GLASIERTEN MARONEN

Eine üppige Köstlichkeit, so richtig zum Schlemmen!
In italienischen Feinkostläden gibt es Maronibruch, der viel
preisgünstiger ist als glasierte Maronen im Ganzen.

FÜR 4–6 PERSONEN

Die Eigelbe mit dem Zucker weißschaumig rühren. Die Hälfte der Sahne zum Kochen bringen, vom Herd nehmen und unter die Eimasse schlagen.

Die Mischung zurück in den Topf gießen und unter ständigem Rühren bei schwacher Hitze andicken lassen, bis sie einen Löffelrücken überzieht. Nicht zum Kochen bringen, sonst gerinnt sie.

Den Armagnac oder Cognac unterrühren, abkühlen lassen und 1 Stunde, abgedeckt mit Klarsichtfolie, in den Gefrierschrank stellen.

Die restliche Sahne steif schlagen und unter die kalte, aber noch nicht durchgefrorene Eiercreme ziehen. Die Maronen untermischen.

Eine halbkugelförmige, leicht zu stürzende Eisbombe bekommen Sie, wenn Sie eine Schüssel mit Klarsichtfolie auskleiden, die Masse einfüllen, mit Folie abdecken und über Nacht gefrieren lassen.

Das Eis stürzen und die Folie abziehen.

200 g entsteinte Trockenpflaumen

85 ml Armagnac

300 ml Sahne

2 EL extrafeiner Zucker

2 Tropfen Vanilleessenz

GEFRORENE SCHLAGSAHNE MIT ARMAGNACPFLAUMEN

Dieses Dessert mit dem kräftigen Armagnacgeschmack ist aus Schlagsahne einfach zuzubereiten und schmeckt wunderbar.

FÜR 4 PERSONEN

Die Pflaumen in der Küchenmaschine grob hacken und 1 Stunde in dem Armagnac einweichen.

Die Sahne steif schlagen, dabei den Zucker und die Vanilleessenz zufügen. Die Pflaumen samt Armagnac unterziehen.

In einen Tiefkühlbehälter füllen, mit Klarsichtfolie abdecken und mindestens 4 Stunden gefrieren lassen. Unmittelbar vor dem Servieren aus dem Gefrierschrank nehmen.

Anmerkung Geschlagene Sahne ist eine wunderbare Basis für Schnellgefrorenes und lässt sich vielseitig anreichern. Versuchen Sie einmal folgende Kombinationen auf je 1/4 l Sahne: 200 g geschmolzene Zartbitterschokolade, 2 EL Zucker und 2 cl Mandellikör – 2 EL frisch gemahlener Mohn, 1 EL Honig, 1 TL Zimt und Zitronensaft nach Geschmack – 350 g pürierte Dosenpfirsiche, 2 Tropfen Vanilleessenz und 2 cl Marillenlikör.

250 g mittelfeiner Couscous

Etwa 300 ml Wasser

6 EL Zucker (oder nach Belieben)

2 EL Erdnuss- oder Sonnenblumenöl

125 g gemischte Nüsse, zum Beispiel Walnüsse, blanchierte Mandeln, Haselnüsse, Pistazien und Pinienkerne

225 g Datteln, entsteint und klein geschnitten

300 ml Milch

SÜSSER COUSCOUS MIT NÜSSEN UND DATTELN

Couscous ist das Grundnahrungsmittel der nordafrikanischen Berber. Diesen süßen Couscous isst man dort eher zum Frühstück oder als Imbiss am Nachmittag, weniger als Nachspeise. Er schmeckt und macht rundum satt.

FÜR 4 PERSONEN

Den Ofen auf 200 °C vorheizen.

Den Couscous in eine runde, ofenfeste Form häufen. Das Wasser mit 4 Esslöffel Zucker und dem Öl aufkochen, über den Couscous gießen und gut umrühren. Etwa 15 Minuten ziehen lassen, dabei gelegentlich umrühren, bis alles Wasser aufgenommen ist.

Den Couscous zwischen den Händen zerreiben, sodass alle Klümpchen aufgebrochen werden. Abschmecken und eventuell nachsüßen.

Die Nüsse unter dem Grill oder in einer Pfanne ohne Fett leicht anrösten und grob hacken. Mit den Datteln unter den Couscous mischen. Die Form mit einem Deckel oder mit Alufolie verschließen, den Couscous 20 Minuten im Ofen erhitzen. Dabei wird er gleichzeitig gedämpft.

Die Milch erhitzen und mit einem Schälchen Zucker zu dem heißen Couscous servieren. Jeder gießt sich Milch über seine Portion und süßt nach Belieben nach.

Anmerkung Anstatt im Ofen können Sie den Couscous auch im geschlossenen Topf erhitzen, doch dann müssen Sie ihn oft umrühren, damit er nicht anbrennt.

150 g und zusätzlich
3 EL weiche Butter

3 Eier

150 g extrafeiner Zucker

150 g blanchierte Mandeln,
grob gehackt

2–3 Tropfen Mandelessenz

1 kg Aprikosen, halbiert und
entsteint

2 EL Puderzucker

150 ml geschlagene Sahne zum
Servieren

FÜR DIE SAUCE

200 g Aprikosengelee

3 EL Wasser

1–2 EL Kirschwasser oder
Aprikosenschnaps

VARIATION

Die Aprikosen durch geschälte, entkernte und halbierte
Birnen ersetzen, die etwa
15 Minuten vorgekocht werden, bis sie knapp weich sind.

APRIKOSEN-MANDEL-FLAN

*Die Aprikosen verleihen dieser altbekannten Spezialität aus der
Provence einen erfrischend säuerlichen Geschmack.*

FÜR 6 PERSONEN

Den Ofen auf 180 °C vorheizen.

Die Butter, die Eier und den Zucker in der Küchenmaschine verrühren. Die Mandeln und die Mandelessenz
zufügen und zu einer weichen Masse verarbeiten. In eine
ofenfeste Form von 30 cm Durchmesser füllen.

Die Aprikosenhälften mit der Schnittfläche nach unten in
die Masse drücken. Etwa 45 Minuten backen, bis der Flan
fest und oben leicht gebräunt ist.

Für die Sauce das Aprikosengelee mit dem Wasser und
dem Kirschwasser oder Aprikosenschnaps unter Rühren
erwärmen, bis es sich verflüssigt. Erkalten lassen.

Den Flan kalt und mit Puderzucker bestreut servieren,
dazu die Sauce und ein Schälchen Schlagsahne reichen.

Anmerkung Frische Aprikosen sind eine Saisonfrucht.
Dieses Rezept kann aber genauso gut mit Aprikosen aus der
Dose zubereitet werden. Lassen Sie sie vor dem Auflegen
gründlich abtropfen.

500 g Ricotta

150 g extrafeiner Zucker
(oder nach Belieben)

5 Eier, getrennt

2 TL Orangenblütenwasser

Abgeriebene Schale von
$^1/_2$ unbehandelten Zitrone

75 g kandierte Orangenschale,
gewürfelt

Butter und Mehl für die Form

VARIATION

Anstelle des Orangenblüten-
wassers können einige
Tropfen Vanilleessenz oder
$1^1/_2$ TL Zimt zugefügt werden.

24 kleine oder 12 große frische,
reife Feigen

100 g Lavendelhonig

$^1/_8$ l Orangensaft

4 EL Weinbrand

4–6 kleine Lorbeerblätter

Einige dünne Streifen von
unbehandelter Orangenschale

80 g Mandeln, geröstet

RECHTS: *Gebackene
Ricottacreme*

GEBACKENE RICOTTACREME

Dieses üppige sizilianische Dessert ähnelt einem Soufflé.

FÜR 8 PERSONEN

Den Ofen auf 180 °C vorheizen.

In der Küchenmaschine die Ricotta, den Zucker, die Eigelbe, das Orangenblütenwasser und die Zitronenschale zu
einer glatten Masse verarbeiten. Die kandierte Orangenschale unterrühren. Die Eiweiße steif schlagen und unter
die Ricottamasse heben.

In eine gebutterte und mit Mehl eingestaubte Form
von 20 cm Durchmesser (am besten beschichtet) füllen und
45 Minuten backen, bis die Oberfläche gebräunt ist. Die
Masse geht recht hoch auf. Abkühlen lassen, aus der Form
lösen, portionieren und auf Tellern anrichten.

GEBACKENE FEIGEN

FÜR 6 PERSONEN

Den Ofen auf 180 °C vorheizen. Die Feigen mehrmals mit
einer Gabel einstechen und aufrecht in eine feuerfeste Form
setzen. Honig, Orangensaft und Weinbrand verrühren und
über die Feigen gießen. Die Flüssigkeit sollte etwa 0,5 cm
hoch in der Form stehen. Die Lorbeerblätter und Orangen-
zesten zwischen die Feigen stecken.

Die Form abdecken und die Feigen etwa 30 Minuten im
Ofen garen. Hin und wieder mit der Garflüssigkeit be-
schöpfen. Mit Mandeln bestreuen und warm servieren.

100 g Bitterschokolade

50 g Butter

4 Eier, getrennt

100 g Puderzucker

Butter für die Form

GEBACKENE SCHOKOLADENCREME

Diese Creme ist so herrlich cremig und weich, dass sie mehr an eine Mousse erinnert.

FÜR 6 PERSONEN

Den Ofen auf 150 °C vorheizen.

Die Schokolade mit der Butter im Wasserbad schmelzen. Die Eigelbe mit dem Zucker schaumig rühren, die etwas abgekühlte Schokolade untermischen. Die Eiweiße steif schlagen und unter die Schokomasse heben.

In eine gebutterte Springform von 20 cm Durchmesser (am besten beschichtet) füllen und 30 Minuten backen. Noch 30 Minuten im abgeschalteten Ofen ruhen lassen, dann stürzen (die Creme gleitet leicht aus der Form). Erkalten lassen und im Ganzen servieren.

500 g gemahlene Mandeln

200 g extrafeiner Zucker

1 TL Zimt

3 Tropfen (nicht mehr) Mandelessenz (nach Belieben)

2 EL Orangenblütenwasser

4 Eigelb

5 Blätter Filoteig

3–4 EL zerlassene Butter oder Sonnenblumenöl

1 EL Puderzucker und 1/2 TL Zimt zum Bestauben

MAROKKANISCHE MANDEL- »SCHLANGE«

Ein dekorativer Kuchen für Partys. Da er sehr üppig ist, servieren Sie ihn in kleinen Stücken. Auf Marokkanisch heißt er m'hencha *nach dem Wort* hencha *für Schlange, weil er aussieht wie eine zusammengeringelte Schlange. Filoteig erhalten Sie in griechischen Lebensmittelgeschäften.*

FÜR 12 PERSONEN ODER MEHR

Den Ofen auf 180 °C vorheizen.

In einer Schüssel die gemahlenen Mandeln, den Zucker, den Zimt und, falls gewünscht, die Mandelessenz vermischen. Das Orangenblütenwasser und 3 Eigelbe mit den Händen einarbeiten.

Das Filoteigpäckchen erst unmittelbar vor der Verarbeitung öffnen. 5 Teigblätter herausnehmen und aufeinander legen. Das oberste Teigblatt leicht mit zerlassener Butter bestreichen.

Die Mandelfüllung mit den Händen zu langen, daumendicken Rollen formen und an einer Längsseite des obersten Teigblatts zu einem langen Teigstrang aneinander legen, etwa 2 cm von der Kante entfernt.

Den Teigrand über die Mandelfüllung schlagen und die Füllung in das verbliebene Teigblatt locker einrollen. Damit sich diese Rolle biegen lässt, ohne zu reißen, gegen beide Enden drücken und die Rolle vorsichtig zur Mitte hin zusammenschieben, sodass der Teig Falten wirft.

Die Teigrolle vorsichtig in die Mitte einer gefetteten flachen Backform oder auf ein mit Backpapier ausgekleidetes Backblech legen und behutsam zu einer Spirale formen.

Die restliche Füllung und die übrigen Teigblätter genauso verarbeiten und die zusammengeschobenen Rollen aneinander legen, sodass eine Spirale mit großem Durchmesser entsteht.

Die Oberfläche mit dem restlichen Eigelb, verquirlt mit einem Teelöffel Wasser, bestreichen. 45 Minuten backen, bis der Kuchen knusprig und gebräunt ist. Erkalten lassen.

Den Puderzucker mit dem Zimt vermischen und den Kuchen damit bestauben.

GRUNDZUBEREITUNGEN

VORARBEITEN

TINTENFISCHE (KALMARE) SÄUBERN

Den Kopf mit den Fangarmen (Tentakeln) aus dem Körpersack (Mantel) herausziehen und abschneiden. Den Körpersack vorsichtig aufschneiden, das transparente Fischbein herausnehmen, die Eingeweide auslösen (wegwerfen) und zuletzt den Tintenbeutel entfernen. Die Fangarme knapp über den Augen abtrennen, sie sollen durch einen schmalen Ring verbunden bleiben. Die Kauwerkzeuge herausdrücken und mit einem scharfen Messer abschneiden (wegwerfen). Fangarme und Körpersack gründlich abspülen, den Körpersack in Ringe schneiden.

MIESMUSCHELN SÄUBERN UND DÜNSTEN

Die Muscheln unter fließendem Wasser abbürsten, entbarten und in kaltem, mehrmals gewechseltem Wasser waschen. Nur lebende Muscheln sind genießbar: Alle wegwerfen, die geöffnet, angebrochen, zu schwer oder zu leicht sind. Die Muscheln in einem großen Topf fingerhoch mit Wasser bedecken. Deckel auflegen und dünsten, bis sich die Schalen öffnen (nach etwa 1 Minute). Sofort vom Herd nehmen. Alle Muscheln, die sich nicht geöffnet haben, wegwerfen.

PAPRIKASCHOTEN RÖSTEN UND ENTHÄUTEN

Für viele Gerichte werden geröstete Paprikaschoten benötigt; kaufen Sie fleischige Sorten. Auf ein Backblech legen und in etwa 9 cm Abstand unter den Grill in den Ofen schieben (oder auf dem Grillrost rösten). Wenden und weitergrillen, bis die Haut ringsum schwarz ist und Blasen wirft.

Einfacher ist folgende Methode: Bei 180 °C im vorgeheizten Ofen 1 Stunde oder 30 Minuten bei stärkster Hitze garen, bis die Paprikaschoten weich sind und die Haut Blasen wirft und sich schwarz verfärbt. Dabei einmal wenden. Damit sich die Haut noch besser löst, die Schoten in einen Topf mit dicht schließendem Deckel oder in einen Plastikbeutel (Polyäthylen) legen und fest verschließen. 10–15 Minuten ruhen lassen. Dann läßt sich die Haut leichter abziehen.

Die handwarm abgekühlten Paprikaschoten häuten, die Stielansätze, Samen und Scheidewände entfernen. Den austretenden Saft auffangen und durchseihen – er gibt Dressings zusätzliches Aroma.

Mit Öl bedeckt halten sich geröstete Paprikaschoten mehrere Monate. An einem kühlen, dunklen Ort aufbewahren.

AUBERGINENSCHEIBEN GRILLEN ODER RÖSTEN

Heute zieht man bei Auberginenscheiben das Grillen oder Rösten dem Braten als Garmethode vor, doch oft sind die Scheiben dann nicht ausreichend durchgegart.

Die Auberginen längs oder quer in 0,5–1 cm dicke Scheiben schneiden, mit Salz bestreuen und 30 Minuten Saft ziehen lassen. Abspülen und trockentupfen (dieser Arbeitsschritt kann entfallen, wenn die Auberginen nicht ausgesprochen bitter sind – oft ist er also nicht nötig). Auf beiden Seiten mit reichlich Öl bepinseln. Unter den Ofengrill schieben oder auf einen Holzkohlengrill legen.

Oder die Auberginenscheiben auf einem Blech ausbreiten und bei stärkster Hitze im Ofen garen, bis sie weich und leicht gebräunt sind.

ARTISCHOCKENHERZEN ZUSCHNEIDEN

Von kleinen Artischocken mit einem kleinen, scharfen Messer den Stiel abschneiden. Unten beginnend die harten Außenblätter wegschneiden oder abzupfen, nur noch die blassen Innenblätter bleiben übrig. Von diesen die harten Blattspitzen abschneiden, die Blätter auseinander breiten und das flaumige Heu mit einem spitz zulaufenden Löffel herausschälen.

ARTISCHOCKENBÖDEN ZUSCHNEIDEN

Von großen Artischocken mit einem scharfen, spitzen Messer alle Blätter so abschneiden, dass nur die flachen, kahlen Böden übrig bleiben; das Heu in der Mitte wegkratzen. Die Schnittflächen sofort mit Zitronensaft beträufeln, um Braunfärbung zu vermeiden.

REZEPTE

VINAIGRETTE

1 EL Weißwein- oder Rotweinessig oder Zitronensaft

Salz und frisch gemahlener Pfeffer

3¹/₂ EL mildes natives Olivenöl extra

Im Mittelmeerraum wird Essig in Salatdressings oft durch Zitronensaft ersetzt.

Den Essig mit Salz und Pfeffer verrühren, bis sich das Salz aufgelöst hat. Das Öl unterschlagen.

FRISCHE TOMATENSAUCE

1–2 Knoblauchzehen, fein gehackt oder zerdrückt

2–3 EL natives Olivenöl extra

8 reife Eiertomaten, enthäutet und gehackt

Salz und frisch gemahlener Pfeffer

1–2 TL Zucker

Diese Sauce lässt sich für viele Gerichte verwenden und passt besonders gut zu gebratenem Fisch und zu Pasta.

ERGIBT 4–6 PORTIONEN

Den Knoblauch bei schwacher Hitze in dem Öl leicht anbraten, bis sich sein Duft entfaltet. Die Tomaten, Salz, Pfeffer und Zucker zufügen und 10–15 Minuten leise köcheln lassen, bis die Sauce etwas eindickt.

VARIATIONEN

3 EL gehackte Petersilie oder Basilikum zufügen.

1 EL frisch geriebenen Ingwer zufügen oder den Saft eines 2,5 cm langen Stücks Ingwer, geschält und mit der Knoblauchpresse ausgedrückt.

In Marokko wird Tomatensauce mit ¹/₂ TL gemahlenem Ingwer, ¹/₄ TL Safran und ¹/₄ TL Chilipulver gewürzt. Manchmal kommen als Garnitur noch 6–7 Oliven und die fein gehackte Schale von ¹/₂ eingelegten Zitrone (Seite 219) dazu.

EINGELEGTE ZITRONENSCHALEN

*Sie sind beliebte Garnituren nordafrikanischer Speisen –
vom Salat bis zu Meeresfrüchten.*

Die Zitronen waschen und der Länge nach kreuzweise nur
so weit einschneiden, dass die Viertel am Stielende noch
zusammenhängen. Das Fruchtfleisch salzen (je kg Zitronen
– etwa 8 Stück – 125 g Salz), die Früchte wieder zusammendrücken und dicht an dicht in ein sauberes Glas schichten.
Mit frisch gepresstem Zitronensaft bedecken. Das Salz zieht
den Saft heraus, und die Schale wird innerhalb von einer
Woche weich. Zugedeckt an einem kühlen Ort aufbewahren.
Nach 3–4 Wochen können die Früchte verwendet werden.

Vor Gebrauch das Salz abspülen und das Fruchtfleisch
entfernen. Zum Würzen wird nur die Schale verwendet.

HARISSA

*Mit dieser scharfen Chilipaste werden viele nordafrikanische
Gerichte gewürzt.*

ERGIBT ETWA 225 MILLILITER

50 g getrocknete scharfe
Chilischoten, Stielansatz, Samen
und Scheidewände entfernt

4 Knoblauchzehen, geschält

1 TL gemahlener Kreuzkümmel

1 TL gemahlener Koriander

Etwa $^1/_2$ TL Salz

Natives Olivenöl extra

Die Chilischoten 30 Minuten in Wasser einweichen. Abgießen und mit dem Knoblauch, den Gewürzen und etwas
Salz im Mörser zerstoßen oder im Mixer pürieren. Dabei
esslöffelweise gerade so viel Öl zufügen, dass eine weiche
Paste entsteht.

In ein Glas drücken und mit Öl bedecken. So hält sich
Harissa mehrere Wochen im Kühlschrank.

1 großes Eigelb

Saft von $^1/_2$–1 Zitrone

$^1/_2$ TL Salz

*300 ml Öl – Mischung aus
Sonnenblumenöl oder einem
anderen milden Pflanzenöl und
nativem Olivenöl extra*

*4 oder mehr Knoblauchzehen nach
Geschmack, durchgepresst oder zu
Paste zerrieben (für Aïoli)*

MAYONNAISE UND AÏOLI

*Aïoli ist die Knoblauchmayonnaise, der man in Spanien
und Südfrankreich so häufig begegnet. Sie wird – bis auf den
Zusatz von Knoblauch – genau wie Mayonnaise zubereitet.
Man reicht sie als Dip zu rohem Gemüse, zu gekochtem Gemüse
oder zu Fisch und Meeresfrüchten.*

*Wird Aïoli ausschließlich mit Olivenöl zubereitet,
schmeckt sie zu kräftig und aufdringlich. Am besten mischen
Sie Olivenöl mit einem geschmacksneutralen Pflanzenöl.
Das Mischungsverhältnis kann variieren; ich nehme gern
zwei Drittel Pflanzenöl und ein Drittel Olivenöl. Gewöhnlich
verschlägt man gleich am Anfang das Eigelb mit der Knoblauch-
paste zu einer hellen, cremigen Masse; vielleicht rühren
Sie den Knoblauch aber lieber erst zum Schluss ein, wenn Sie
abschmecken und entscheiden können, wieviel Sie davon mögen.*

*Damit die Mayonnaise gelingt, müssen alle
Zutaten Raumtemperatur haben (das Ei darf nicht direkt
aus dem Kühlschrank kommen); auch die Schüssel sollte
angewärmt sein.*

ERGIBT 400 MILLILITER

VARIATION

Für eine Rouille, die gut zu
Fischsuppe schmeckt, fügen
Sie 1–2 TL Paprikapulver und
eine kräftige Prise Cayennepfeffer zu.

Das Eigelb in einer angewärmten Schüssel (die Schüssel auf
ein feuchtes Tuch stellen, damit sie nicht wegrutscht) mit
etwas Zitronensaft und Salz verrühren.

Nach und nach das Öl zufügen, erst tropfenweise, dann in
dünnem Strahl, dabei mit dem Rührgerät ununterbrochen
rühren.

Je mehr Öl das Eigelb aufnimmt, desto schwerer und
dicker wird die Mayonnaise.

Zum Schluss mit dem Knoblauch und dem restlichen
Zitronensaft abschmecken.

1 EL Trockenhefe

1 Prise Zucker

Knapp 450 ml lauwarmes Wasser

750 g Weizenmehl

2 TL Salz

5 EL natives Olivenöl extra
(zusätzliches Öl zum Einfetten des
Teigs und der Form)

FOCACCIA (FLADENBROT)

*Fladenbrote sind im Mittelmeerraum sehr verbreitet. Meist sind
sie recht weich, manchmal aromatisiert mit Kräutern und
Gewürzen, manchmal auch mit Zutaten wie gehackten Oliven,
gebratenen Zwiebeln und dem Fruchtfleisch von Tomaten.
In arabischen Ländern bestreut man sie gern mit Sesam,
Fenchelsamen, Kümmel, Anis oder Zwiebelsamen oder einer
Mischung aus Thymian, Sesam und gemahlenem Sumach. Mein
Lieblingsrezept für zu Hause ist dieses saftige Fladenbrot mit
Olivenöl im Teig. (Fladenbrot ohne Hefe siehe Seite 33)*

ERGIBT 6–8 PORTIONEN

Die Hefe und den Zucker in der Hälfte des Wassers auflösen. 10 Minuten stehen lassen, bis sich Schaum bildet.

Das Mehl mit dem Salz in eine große Schüssel häufen und
in die Mitte eine Mulde drücken. Die aufgelöste Hefe mit
3 Esslöffel Öl hineingießen und mit einem Holzlöffel
unterrühren.

Nach und nach das restliche Wasser in kleinen Mengen
zufügen – nur so viel, bis eine weiche Teigkugel entsteht, die
nicht mehr zerfällt. Zunächst mit dem Holzlöffel vermengen, dann mit den Händen kneten.

Den Teig auf einer leicht bemehlten Fläche etwa 10 Minuten durchkneten, bis er glatt und geschmeidig ist – etwas
Mehl zufügen, falls er zu klebrig ist, einige Tropfen Wasser,
wenn er zu trocken ist.

Wenig Öl in die Schüssel gießen, den Teig darin wenden,
bis er mit Öl überzogen ist. Die Schüssel mit Klarsichtfolie
verschließen. Den Teig an einem warmen Ort etwa 1$^{1}/_{2}$ Stunden gehen lassen, bis er sein Volumen verdoppelt hat.

Den Teig zusammendrücken und kurz kneten, bis die Luft entwichen ist. Mit eingeölten Händen flach in ein oder zwei geölte Backformen oder auf Bleche drücken. Ich nehme zwei runde Formen mit 28 cm Durchmesser, doch auch eine rechteckige Form ist geeignet. Da der Teig sehr elastisch ist und sich immer wieder zusammenzieht, müssen Sie ihn vielleicht einige Minuten lang flach drücken. Fladenbrote können dicker oder dünner sein; drücken Sie den Teig nach Belieben 0,5–1,25 cm dick aufs Blech oder in die Form.

Mit Folie abdecken und an einem warmen Ort nochmals 45 Minuten gehen lassen. Den Ofen mindestens 30 Minuten auf 220 °C vorheizen. Falls Sie einen Backstein (Steinplatte in nahezu Ofengröße oder mehrere kleinere Steinplatten) besitzen, in den Ofen legen.

Kurz vor dem Backen mit den Fingern tiefe Löcher in den Teig drücken, die gesamte Oberfläche mit dem restlichen Olivenöl einpinseln.

Jeweils nur eine Form in den vorgeheizten Ofen schieben. 30 Minuten backen, bis die Kruste knusprig und goldgelb ist. Herausnehmen und auf ein Gitter stellen. Fladenbrot kann bei Zimmertemperatur serviert werden, schmeckt aber am besten heiß oder warm. Es lässt sich auch gut einfrieren. Zum Servieren in Quadrate, Rechtecke oder Tortenstücke schneiden.

VARIATIONEN

VOR DEM BACKEN:

Mit 1 1/2 Teelöffel grobem Meersalz bestreuen. Mit 2–3 gehackten Knoblauchzehen und den Blättern von 2 Rosmarinzweigen oder 2 Esslöffel gehackten Salbeiblättern bestreuen.

Mit 1 Esslöffel gehacktem Oregano und 75 g entsteinten, fein gehackten Oliven bestreuen.

Tomatensauce (Seite 218) reduzieren, bis alle Flüssigkeit verdampft ist. Das Fladenbrot damit bestreichen, mit 1 Esslöffel fein gehacktem Oregano, 3 gehackten Knoblauchzehen und 8 entsteinten, halbierten Oliven bestreuen.

Mit 3 Esslöffel Anchovis- oder Olivenpaste, mit 2 Esslöffel Olivenöl verrührt, bestreichen.

2 große Zwiebeln in Scheiben schneiden und in 3 Esslöffel nativem Olivenöl extra bei sehr schwacher Hitze etwa 45 Minuten braten, bis sie sehr weich sind. Erst in einer dünnen Schicht auf dem Pfannenboden ausbreiten, dann gelegentlich umrühren. Falls gewünscht, können Sie die Zwiebeln auch braun werden lassen oder karamellisieren. Das Fladenbrot damit belegen.

3 rote Paprikaschoten rösten und enthäuten (Seite 216), in feine Streifen schneiden und zusammen mit 3 gehackten Knoblauchzehen auf den Teig streuen.

REGISTER